"十三五"规划教材·会计系列

会计综合实训教程

(第三版)

周开弟 周秋华／主编

图书在版编目(CIP)数据

会计综合实训教程/周开弟,周秋华主编.—3版
.—上海:立信会计出版社,2019.11
"十三五"规划教材.会计系列
ISBN 978-7-5429-6318-5

Ⅰ.①会… Ⅱ.①周… ②周… Ⅲ.①会计学-高等学校-教材 Ⅳ.①F230

中国版本图书馆 CIP 数据核字(2019)第 250569 号

责任编辑　方士华　孙　勇
封面设计　南房间

会计综合实训教程(第三版)

出版发行	立信会计出版社			
地　　址	上海市中山西路 2230 号	邮政编码	200235	
电　　话	(021)64411389	传　　真	(021)64411325	
网　　址	www.lixinph.com	电子邮箱	lixinaph2019@126.com	
网上书店	http://lixin.jd.com		http://lxkjcbs.tmall.com	
经　　销	各地新华书店			
印　　刷	安徽新华印刷股份有限公司			
开　　本	787 毫米×1092 毫米　　1/16			
印　　张	17.5			
字　　数	320 千字			
版　　次	2019 年 11 月第 3 版			
印　　次	2019 年 11 月第 1 次			
印　　数	1—2 100			
书　　号	ISBN 978-7-5429-6318-5/F			
定　　价	48.00 元			

如有印订差错,请与本社联系调换

"十三五"规划教材·会计系列
编委会

编委会主任　陈　红

编委会委员　陈　红　余根亚　罗　莉　郭思智　陈永飞
　　　　　　　朱锦余　姚荣辉　李　旭　潘　华　李　谦
　　　　　　　那　薇　崔　瑛　曾　军

总　　序

早在 140 多年前，马克思就在《资本论》第二卷中明确地谈到会计对社会经济发展的重要价值："过程越是按社会的规模进行，越是失去纯粹个人的性质，作为对过程的控制和观念总结的簿记就越是必要。"在现代信息社会中，经济的发展尤其离不开会计。会计是从事经济和管理工作的人员所必须掌握的一门基础性学科，其所提供的信息是企业管理者决策所必不可少的。特别在经济全球化加速发展的今天，会计作为经济信息系统和国际通用的商业语言，在全球经贸往来核算中，扮演着越来越重要的角色。

伴随着经济的发展，国家对高等教育发展进行了战略调整，李克强总理提出要"引导一批本科高校向应用技术型高校转型"，要大力发展现代职业教育，这就要求我们培养会计人才的课程要更多地体现实践性、应用性的特点。也对我们的会计教学及教材建设提出了新的要求，提供了会计教学改革的新契机。同时，为做好"十三五"会计人才培养规划，也需要开发一套完整的会计系列教材并以此为依托引领未来一段时间的会计教育，特别是通过编写一套能够体现应用型人才培养特点的会计系列教材来推进应用型会计特色专业建设和人才培养模式的改革。近几年，我国新修订了一些会计准则和审计准则及补充和修改了许多新的税收法规，并且出台了新的内部控制规范指引，这都要求我们对原有的会计教材进行补充和调整。

"工欲善其事，必先利其器"，编写一套能够满足绝大多数学校的需要、适应应用型会计本科教学特点的系列教材的任务已经摆在了我们的面前。为此，我们专门选择了一些在云南省高校长期从事会计、财务和审计教学，而且教学效果较好，得到大家普遍认可的专家学者组成编委会，共同编写这套会计系列教材。在本套教材的编写过程中，我们力求体现出以下特点。

一是前沿性。本套教材力争体现最新会计准则、审计准则和新出台的相关法律法规，吸收最新的教学和科研成果。

二是会计理论与实践结合。本套教材主要针对应用型本科的教学需要进行内容的安排和组织，特别注重实践能力的训练，增强学生的动手能力。在注重知识应用的同时还结合理论进行知识点的讲授，便于学生对于理论的理解。

三是系统性。无论是单本教材还是整套教材都突出知识的系统和全面，通过使用本套教材可以掌握会计、财务管理和审计的各种知识。同时注重各本教材间的衔接，从而体现系列教材的特点。

本套教材由《会计原理与实务》《中级财务会计》《成本会计》《管理会计》《财务管理》《会计信息系统》《会计综合模拟实训》《审计学》《政府与非营利组织会计》等组成。

感谢云南省高等学校会计专业教学指导委员会的各位专家和参与编写的老师。他们在提出教材编写方案、编写论证大纲、书稿的撰写和审阅过程中付出了辛勤的劳动,同时感谢立信会计出版社对出版本套教材的大力支持。

由于是系列教材,编写任务较重,书中不足和疏漏之处,在所难免,恳请读者和各位同仁不吝指正,以便再版时进一步补充和修订。

陈 红

2020 年 1 月

第三版前言

本书根据近两年陆续发布的各项会计准则,在对会计实训项目进行了广泛调查研究的基础上,对会计业务进行了分析、优化和提炼,并采纳和吸取多方面的意见编写而成。

本书的编写人员分别由来自多年从事会计教学工作的教师,从事会计工作、审计工作、税务工作的从业人员组成。在编写时力求做到"一个体现"。充分体现最新会计准则和税收法律法规。"二个求真"。追求会计业务和资料的仿真性,追求岗位角色模拟的逼真性。"三个结合"。手工操作与电算化操作相结合、核算与分析相结合、会计核算与税务核算相结合。

本书由周开弟、周秋华任主编。具体分工为:云南师范大学商学院周开弟对经济业务活动的设计进行调研、拟定编写大纲并编写第一部分和第二部分。第三部分的出纳岗位由云南省贸易经济学校刘建党编写,存货岗位由云南省贸易经济学校刘平编写,固定资产和薪酬岗位由昆明市第二职业中等专业学校梁维编写,往来款项岗位由云南开放大学李世碧编写,成本会计岗位由云南财经大学周秋华、云南财经大学康璇编写,销售岗位由云南省计量测试技术研究院蔡瑾怡编写,税务会计岗位由云南财经大学王颖编写,利润与报表岗位由云南财经大学王帧编写,财务经理岗位由云南财经大学梅梅编写,第四部分的会计业务上机实验部分由云南工商学院朱红波编写。周开弟对书稿进行了总纂和审校。本书的编写还得到了多个公司的实务专家的大力支持,在此一并表示感谢。

本书以就业为导向,以实训为目标,通过会计岗位角色模拟,达到提高学习者的动手能力的目标。本书是适用于各类院校会计专业操作实训教材,同时适用于会计技能培训和自学参考。本书配有部分实训参考答案,可通过邮箱 pastwater11@163.com 联系索取。

本书的实验资料以云南泰亚铝业有限责任公司为对象模拟而成,所有会计信息资料仅限于教学使用,特此声明。本次改版根据最新企业会计准则及2019年最新税制作了修订。由于时间仓促,加之作者水平有限,疏漏乃至错误在所难免,恳请广大读者批评指正。

编者

2020年1月

目 录

第一部分 会计综合实训基础 ·· 1
  一、会计书写 ·· 1
  二、填制原始凭证 ·· 1
  三、填制记账凭证 ·· 5
  四、登记日记账 ·· 7
  五、登记明细分类账 ·· 8
  六、登记总账 ·· 9
  七、错账更正 ·· 9
  八、对账 ·· 10
  九、结账 ·· 10

第二部分 会计综合实训 ·· 11
  一、会计综合实训操作规程 ·· 11
  二、模拟企业基本情况简介 ·· 12
  三、期初建账资料 ·· 13
  四、2019年12月份发生的经济业务 ·· 18

第三部分 会计分岗实训 ·· 25
  一、出纳岗位实训 ·· 25
  二、存货会计岗位实训 ·· 26
  三、固定资产岗位实训 ·· 27
  四、薪酬岗位实训 ·· 28
  五、往来款项会计岗位实训 ·· 30
  六、成本会计岗位实训 ·· 31
  七、销售岗位实训 ·· 33
  八、税务会计岗位实训 ·· 34
  九、利润与报表岗位实训 ·· 35
  十、财务经理岗位实训 ·· 38

第四部分 会计业务上机实验(金蝶 K/3) ·················· 40
　一、金蝶 K/3 上机实验环境配置 ································ 40
　二、金蝶 K/3 上机实验 ·· 47

第五部分 实训原始单据 ·· 71

附　录 ·· 257

第一部分　会计综合实训基础

通过会计综合实训基础知识的操作,掌握会计凭证的填制方法,掌握账簿的登记方法和错账的更正方法,掌握对账的方法,掌握结账的方法,了解会计基础工作行为规范,熟悉整个会计循环过程,加强对所学专业理论基础知识的理解,为第二部分综合实验奠定基础。

一、会计书写

填制会计凭证,字迹必须清晰、工整,并符合下列要求。

(1) 阿拉伯数字应当一个一个地写,不得连笔写。阿拉伯金额数字前面应当书写货币币种符号或者货币名称简写。币种符号与阿拉伯金额数字之间不得留有空白。凡阿拉伯数字前写有币种符号的,数字后面不再写货币单位。

(2) 所有以元为单位(其他货币种类为货币基本单位,下同)的阿拉伯数字,除表示单价等情况外,一律填写到角分;无角分的,角位和分位可写"00",或者符号"—";有角无分的,分位应当写"0",不得用符号"—"代替。

(3) 汉字大写数字金额如零、壹、贰、叁、肆、伍、陆、柒、捌、玖、拾、佰、仟、万、亿等,一律用正楷或者行书体书写,不得用0、一、二、三、四、五、六、七、八、九、十等简化字代替,不得任意自造简化字。大写金额数字到元或者角为止的,在"元"或者"角"字之后应当写"整"字或者"正"字;大写金额数字有分的,分字后面不写"整"或者"正"字。

(4) 大写金额数字前未印有货币名称的,应当加填货币名称,货币名称与金额数字之间不得留有空白。

(5) 阿拉伯金额数字中间有"0"时,汉字大写金额要写"零"字;阿拉伯数字金额中间连续有几个"0"时,汉字大写金额中可以只写一个"零"字;阿拉伯金额数字元位是"0",或者数字中间连续有几个"0"、元位也是"0"但角位不是"0"时,汉字大写金额可以只写一个"零"字,也可以不写"零"字。

二、填制原始凭证

原始凭证又称单据,是经济业务发生时取得或填制的,用以记录某项经济业务的发生或完成情况,并明确有关经济责任、具有法律效力的一种书面证明,同时还是记账的依据。因此,填制和审核原始凭证是会计核算的基础工作。

《中华人民共和国会计法》第十四条规定,办理本法第十条所列的经济业务事项,必须填制或者取得原始凭证并及时送交会计机构。会计机构、会计人员必须按照国家统一的会计制度的规定对原始凭证进行审核,对不真实、不合法的原始凭证有权不予接受,并向单位负责人报告;对记载不准确、不完整的原始凭证予以退回,并要求按照国家统一的会计制度的规定更正、补充。原始凭证记载的各项内容均不得涂改;原始凭证有错误的,应当由出具单位重开或者更正,更正处应当加盖出具单位印章。原始凭证金额有错误的,应当由出具单位重开,不得在原始凭证上更正。记账凭证应当根据经过审核的原始凭证及有关资料编制。

(一)原始凭证的分类

按来源不同,分为自制原始凭证和外来原始凭证;

按填制的次数和时限不同,分为一次凭证、累计凭证和汇总原始凭证;

按格式标准不同,可分为通用凭证和专用凭证。

(二)原始凭证的基本要素

原始凭证的名称;

原始凭证的填制日期和编号;

接受凭证的单位名称;

经济业务的内容及实物规格、单位、数量和金额;

填制凭证的单位名称和有关人员的签章;

原始凭证附件。

(三)原始凭证的填制

1. 填制原始凭证的基本要求

(1)真实可靠。要如实填制经济业务的内容和数字,不弄虚作假。

(2)内容完整。要严格按规定的格式和内容逐项填写经济业务的完成情况,不得省略或漏填,特别是:年、月、日要按照填制凭证的实际日期填写;接受单位的名称要写完整,不得简写;品名或用途要填写明确,不能含糊不清;有关人员的签章及单位的专用章必须齐全。

(3)填制及时。每当一项经济业务发生时或完成时,必须及时填制相应的原始凭证,做到不积压、不拖延、不事后补制,按规定的程序及时将原始凭证送交会计部门。

(4)书写清楚。填制会计凭证,字迹必须清晰、工整、并符合下列要求。

(5)顺序使用。各种凭证要顺序或分类编号,在填制时按照编号的次序使用,跳号的凭证应加盖"作废"戳记,不得撕毁。

(6)其他要求。这些要求包括:①从外单位取得的原始凭证,必须盖有填制单位的公章;从个人取得的原始凭证,必须有填制人员的签名或者盖章。自制原始凭证必须有经办单位领导人或者其指定的人员签名或者盖章。对外开出的原始凭证,必须加盖本单位公章。②凡填有大写和小写金额的原始凭证,大写与小写金额必须相符。③购买实物的原始凭证,必须有验收证明。支付款项的原始凭证,必须有收款单位和收款人的收款证明。④一式几联的原始凭证,应当注明各联的用途,只能以一联作为报销凭证。一式几联的发票和收据,必须用双面复写纸(发票和收据本身具备复写纸功能的除外)套写,并连续编号。作废时应当加盖"作废"戳记,连同存根一起保存,不得撕毁。⑤发生销货退回的,除填制退货发票外,还必须有退货验收证明;退款时,必须取得对方的收款收据或者汇款银行的凭证,不得以退货发票代替收据。⑥职工因公出差借款应填写正式收据,附在记账凭证的后面。职工借款时,应有本人填制借款单,经相关人员审核并签名盖章,然后办理借款,借款收据是此项借款业务的原始凭证。在收回借款时,应该另开收据或退还借款收据的副本,不得退还原借款收据。⑦经上级有关部门批准的经济业务,应当将批准文件作为原始凭证附件。如果批准的文件需要单独归档的,应当在凭证上注明批准机关名称、日期、文件字号等,或将批准文件的复印件作为原始凭证附件。⑧发现原始凭证有错误的,应当由开出单位重开或更正,在更正处加盖开出单位的公章。⑨手工填写的原始凭证,其文字和数字一般使用蓝黑或碳素墨水笔书写;需要复写的,要用蓝色或黑色圆珠笔、蓝色双面复写纸。按规定填写原始凭证需要使用红字时,可以用红墨水笔。复写红字时要用红色圆珠笔和红色双面复写纸。禁止用铅笔填制原始凭证。

2. 几种常见原始凭证的填制

1) 现金支票的填制

现金支票即支票上印有"现金"字样的支票,现金支票只能用于支取现金,不得用于转账。

单位应在开户银行的账户或核准经费户的余额内签发支票,每张支票金额不得低于规定起点(目前为 1 000 元)。

每个账户使用的支票不得移用于其他账户,预算单位签发的支票,不得跨年使用。

单位签发现金支票时,必须使用碳素墨水或墨汁,字迹不要潦草,也不要使用红色或易褪色的墨水。除"付款行名称""出票人账号"由银行盖章外,其他各栏必须准确清楚的填写,且注意以下几点:①"出票日期"应填写实际出票日期,不得补填或预填日期;支票正联出票日期必须使用中文大写,支票存根部分出票日期可用阿拉伯数字书写在支票正联用大写填写出票日期时,为防止变造支票的出票日期,在填写月、日时应注意:月为壹、贰和壹拾的,日为壹至玖和壹拾、贰拾和叁拾的,应在其前加"零";日为拾壹至拾玖的,应在其前加"壹",如 10 月 30 日应写为零壹拾月零叁拾日,2 月 17 日应写为零贰月壹拾柒日。②"收款单位名称"应填写全称并与预留银行印鉴中单位名称保持一致。如是本单位自行提取现金可填为"本单位"。③大、小写金额必须填写齐全并对应,如有错误不得更正,应另行签发,其他各栏填写错误,可在改正处加盖预留印鉴,予以证明。另外大写金额应紧接"人民币"书写,不得留有空白,以防加填;阿拉伯小写金额数字前面,均应填写人民币符号"￥",阿拉伯小写金额数字要认真填写,不得连写分辨不清。④如实写明用途,存根联与支票正联填写的用途应一致。⑤在签发人签章处按预留银行印鉴分别签章,签章不能缺漏。

作废支票不得撕毁,应由签发单位加盖"作废"印章,与存根一起加以保管,在结算销户时,连同未用空白支票一并缴还银行。

在实际工作中,现金支票为一联。现金支票签发后,将支票从存根联与正联之间骑缝线剪开,正联交给收款人办理提现,存根联留下作为记账依据。

2) 转账支票的填制

转账支票即支票上印有"转账"字样的支票,转账支票只能用于转账,不得支取现金。

单位应在开户银行的账户的余额内签发支票,每张支票的金额不能低于规定的起点,不能签发空头支票、空白支票和远期支票。

一个账户使用的支票不得移用于其他账户;预算单位签发的支票不得跨年使用。

签发转账支票时,必须使用碳素墨水或墨汁,字迹不要潦草,也不要使用红色或易褪色的墨水填写。除"付款行名称""出票人账号"由银行盖章外,其他各栏必须准确清楚的填写,且注意以下几点:①"出票日期"应填写实际出票日期,不得补填或预填日期;支票正联出票日期必须使用中文大写,支票存根部分出票日期可用阿拉伯数字书写,在支票正联用大写填写出票日期时,为防止变造支票的出票日期,在填写月、日时应注意:月为壹、贰和壹拾的,日为壹至玖和壹拾、贰拾和叁拾的,应在其前加"零";日为拾壹至拾玖的,应在其前加"壹",如10月30日应写为零壹拾月零叁拾日,2月17日应写为零贰月壹拾柒日。②"收款单位名称"应填写全称并与预留银行印鉴中单位名称保持一致。如是本单位自行提取现金可填为"本单位"。③大、小写金额必须填写齐全并对应,如有错误不得更正,应另行签发,其他各栏填写错误,可在改正处加盖预留印鉴,予以证明。另外大写金额应紧接"人民币"书写,不得留有空白,以防加填;阿拉伯小写金额数字前面,均应填写人民币符号"￥",阿拉伯小写金额数字要认真填写,不得连写分辨不清。④如实写明用途,存根联与支票正联填写的用途应一致。⑤在签发人签章处按预留银行印鉴分别签章,签章不能缺漏。

作废支票不得撕毁,应由签发单位加盖"作废",与存根一起加以保管,在结算销户时,连同未用空白一并缴还银行。

在实际工作中,转账支票为一联。转账支票签发后,将支票从存根联与正联之间骑缝线剪开,正联交给采购人员使用,存根联连同供应单位开出的发票联作为记账依据。

3) 出(入)库单的填制

一般一式三联,第一联为存根联,二联交仓库保管员用以登记保管账,第三联交财会部门。

填写时必须用蓝(黑)圆珠笔套写,各项内容填写齐全,书写规范,有关责任人签名盖章。

4) 进账单的填制

进账单是存款人向开户银行存入的从外单位、个人处取得的现金、转账支票、本票或汇票等单据上的款项时填写的一种单证。

进账单分为:现金进账单、转账进账单。

转账进账单各联的作用:一联为"回单"联,银行盖戳后交还持票人;二联为"贷方凭证"开户银行贷方凭证留存开户银行;三联为"收账通知"银行给收款人的收账通知,收款人据此联记账。

现金进账单各联的作用:一联为"回单"联,银行盖戳后交还持票人;二联为"贷方凭证"开户银行贷方凭证留存开户银行;三联为"出纳副联"银行出纳部门收款后存查。

进账单在填写时必须套写。转账进账单要注意"票据种类"是转账支票,"票据号码"是支票右上角的号码,不是账号,其余根据支票填写;现金进账单的金额要与明细票面栏的合计数一致,金额大小写要一致,券别和张数要与实际一致。

5) 增值税发票的开具

总体要求:开具单位取得经营收入时,要与实际发生的交易相符合,所填写的项目齐全,字迹清楚,不得压线、错格。发票联与抵扣联加盖财务专用章或发票专用章。

具体要求:按顺序号码使用,填写时要字迹清楚,不得省略,不得涂改、挖补。作废的发票要加盖"作废"字样,每一联都要加盖,并把原有的各联附在存根联上。

开票日期按公历用阿拉伯数字填写;购货单位名称填写全称,地址、电话不得省略;纳税人登记号按全国统一的税务登记证件代码(十八位数)填写;开户银行即账号按购货单位开户行名称和支票注明账号填写。

"商品或劳务名称"可填写货物名称或应税劳务种类,不同货物或应税劳务名称应分别填列,一份发票最多填写三种货物或应税劳务名称。

"规格型号""单位""数量"可填写货物的规格型号、单位和数量。

"金额"应填写不含税的销售额,在票面上反映的是数量乘以单价的积。"税率"应填写依据税收法规确定的税率。"价税合计"应填写金额合计加税额合计,并用汉字大写数字和阿拉伯数字同时填写。

销货单位的名称、纳税人登记号、开户银行及账号可以事先填写,也可以按票面规格刻制出图章事先加盖。

"收款人"处由收款人(开票人)签章,姓名不得省略;"开票单位"应加盖税务机关的发票发售部门预留印鉴的"发票专用章",第一联、第四联不用加盖。

每本发票使用完毕,应将全本发票的金额合计数填写在发票封皮的右上角,以备查核。

6) 收据的填制

内部收据与外部收据的使用范围:外部收据用于收到企业外部非营利性收款,如收到退货款、退还保证金、客户缴押款等;内部收据用于企业内部管理使用,如收到营业员解缴当日营业额、员工退回多余暂支款等。

收据一般一式二联,填写时必须用蓝(黑)圆珠笔套写。

职工因公借款的借据,必须附在记账凭证上,销账时,应另开内部收据,不得退还原借款收据。外部收据的收据联(第二联)必须加盖本单位财务专用章和发票专用章;内部收据必须要有收款人和经办人的签字或盖章。

2. 原始凭证的审核

1) 不合法、不合理原始凭证审核及处理

审核原始凭证的合法性、合理性。即以国家的有关方针、政策、法令、制度和计划、合同等为依据,审核原始凭证所反映的经济业务是否合理合法,有无违反财经制度规定,是否按计划预算办事,是否按成本开支范围办事,是否贯彻专款专用原则,有无贪污盗窃、虚报冒领、伪造凭证等违纪行为。

对违反制度和法令的一切收支,会计人员有权拒绝付款、拒绝报销或拒绝执行,并向本单位领导报告;对伪造凭证、涂改凭证和虚报冒领等不法行为,会计人员应扣留原始凭证,向领导提出书面报告,请求严肃处理。

2) 不完整、不正确原始凭证审核及处理

审查原始凭证的完整性、正确性。即审查原始凭证的内容和填制手续是否符合规定的要求。原始凭证必须具备的基本内容是否填写齐全;文字和数字是否填写正确、清楚;有关人员是否签字盖章,原始凭证上有关数量、单价、金额是否正确无误。

不符合实际情况、手续不完备、编号不符合要求或数字计算不正确的原始凭证,应退回有关经办部门或人员,要求他们及时予以补办手续或改正。

三、填制记账凭证

记账凭证,是会计人员根据审核无误的原始凭证或原始凭证汇总表为依据而填制的,用以确定会计分录,并据以登记会计账簿的会计凭证。因此,填制和审核记账凭证是会计核算的基本方法之一,也是会计实务的重要内容。按填制方式的不同,记账凭证可分为复式记账凭证和单式记账凭证;按反映经济业务的内容不同,可分为收款凭证、付款凭证和转账凭证。

(一)记账凭证填制的基本要求

(1)记账凭证的内容必须具备:填制凭证的日期;凭证编号;经济业务摘要;会计科目;金额;所附原始凭证张数;填制凭证人员、稽核人员、记账人员、会计机构负责人、会计主管人员签名或者盖章。收款和付款记账凭证还应当由出纳人员签名或者盖章。以自制的原始凭证或者原始凭证汇总表代替记账凭证的,也必须具备记账凭证应有的项目。

(2)填制记账凭证时,应当对记账凭证进行连续编号。一笔经济业务需要填制两张以上记账凭证的,可以采用分数编号法编号。

(3)记账凭证可以根据每一张原始凭证填制,或者根据若干张同类原始凭证汇总填制,也可以根据原始凭证汇总表填制。但不得将不同内容和类别的原始凭证汇总填制在一张记账凭证上。

(4)除结账和更正错误的记账凭证可以不附原始凭证外,其他记账凭证必须附有原始凭证。如果一张原始凭证涉及几张记账凭证,可以把原始凭证附在一张主要的记账凭证后面,并在其他记账凭证上注明附有该原始凭证的记账凭证的编号或者附原始凭证复印件。一张原始凭证所列支出需要几个单位共同负担的,应当将其他单位负担的部分,开给对方原始凭证分割单,进行结算。原始凭证分割单必须具备原始凭证的基本内容:凭证名称、填制凭证日期、填制凭证单位名称或者填制人姓名、经办人的签名或者盖章、接受凭证单位名称、经济业务内容、数量、单价、金额和费用分摊情况等。

(5)如果在填制记账凭证时发生错误,应当重新填制。已经登记入账的记账凭证,在当年内发现填写错误时,可以用红字填写一张与原内容相同的记账凭证,在摘要栏注明"注销某月某日某号凭证"字样,同时再用蓝字重新填制一张正确的记账凭证,注明"订正某月某日某号凭证"字样。如果会计科目没有错误,只是金额错误,也可以将正确数字与错误数字之间的差额,另编一张调整的记账凭证,调增金额用蓝字,调减金额用红字。发现以前年度记账凭证有错误的,应当用蓝字填制一张更正的记账凭证。

(6)记账凭证填制完经济业务事项后,如有空行,应当自金额栏最后一笔金额数字下的空行处至合计数上的空行处划线注销。

(二)专用记账凭证的填制

专用记账凭证是将所有经济业务按反映经济业务内容与货币资金的关系的不同(即与现金、银行存款的关系),分为收款凭证、付款凭证和转账凭证。

(1)收款凭证。收款凭证是根据现金和银行存款收款业务填制,反映现金和银行存款收入业务的记账凭证。收款凭证填制的要求为:收款凭证左上方的"借方科目"应填写"库存现金"或"银行存款";日期填写用小写;右上方的凭证编号一般为"现收××号"或"银收××号";摘要栏填写经济业务的内容梗概;"贷方科目"填写与"库存现金"或"银行存款"对应的总账科目及明细科目;"金额"合计数必须是实际收到的现金或银行存款数额。

(2)付款凭证。付款凭证是根据现金和银行存款付款业务填制,反映现金和银行存款付款业务的记账凭证,当发生现金与银行存款之间关联的收付业务时,都只填付款凭证而不填收款凭证。付款凭证的填制要求为:付款凭证左上方的"贷方科目"应该填写"库存现金"或"银行存款";日期填写用小写;右上方的凭证编号一般为"现收××号"或"银收

××号";摘要栏填写经济业务的内容梗概;"借方科目"填写与"库存现金"或"银行存款"对应的总账科目及明细科目;"金额"合计数必须是实际收到的现金或银行存款数额。

(3) 转账凭证。转账凭证是根据不涉及现金和银行存款收付的转账业务的原始凭证填制,反映与现金和银行存款无关的转账业务的记账凭证。转账凭证的填制要求为:转账业务没有固定的账户对应关系,因此要按"借方科目"和"贷方科目"或"借方金额"和"贷方金额"分别填制有关总账和明细账或有关总账科目和明细科目的借方发生额和贷方发生额;先填借方科目,再填贷方科目。日期填写用小写。

(三) 通用记账凭证的填制

通用记账凭证的名称为"记账凭证",通用于收款、付款和转账等各种经济业务,反映发生的每一项经济业务均用一种通用格式的记账凭证。它的格式及填制方法与转账凭证完全相同。通用记账凭证一般出纳不填制记账,出纳将原始记账凭证按业务顺序编号,登记日记账后,交会计填制记账凭证。

(四) 记账凭证的审核

(1) 记账凭证是否附有经审核无误的原始凭证,原始凭证记录的经济内容与数额是否同记账凭证相符。

(2) 记账凭证的日期、摘要、会计科目的明细科目、凭证编号、所附附件数量、有关人员的签章是否齐全。

(3) 记账凭证上编制的会计分录是否正确,即应借、应贷的会计科目名称及业务内容是否符合会计制度的规定,科目对应关系是否清晰。

(4) 记账凭证的单价、数量和明细金额、合计金额是否正确,有无多计、少计和误计。记账凭证中的记录是否文字工整、数字清晰,是否按规定使用蓝黑或碳素墨水,是否按规定进行更正。

(5) 出纳人员在办理收款或付款业务后,应在凭证上加盖"收讫"或"付讫"的戳记。如果在填制记账凭证时发生错误,应当重新填制。已经登记入账的记账凭证,在当年内发现填写错误时,可以用红字填写一张与原内容相同的记账凭证,在摘要栏注明"注销某月某日某号凭证"字样,同时再用蓝字重新填制一张正确的记账凭证,注明"订正某月某日某号凭证"字样。如果会计科目没有错误,只是金额错误,也可以将正确数字与错误数字之间的差额,另编一张调整的记账凭证,调增金额用蓝字,调减金额用红字。发现以前年度记账凭证有错误的,应当用蓝字填制一张更正的记账凭证。

四、登记日记账

(1) 登记会计账簿时,应当将会计凭证日期、编号、业务内容摘要、金额和其他有关资料逐项记入账内;做到数字准确、摘要清楚、登记及时、字迹工整。

(2) 登记完毕后,要在记账凭证上签名或者盖章,并注明已经登账的符号,表示已经记账。

(3) 账簿中书写的文字和数字上面要留有适当空格,不要写满格;一般应占格距的二分之一。

(4) 登记账簿要用蓝黑墨水或者碳素墨水书写,不得使用圆珠笔(银行的复写账簿除外)或者铅笔书写。

（5）下列情况，可以用红色墨水记账：

按照红字冲账的记账凭证，冲销错误记录；

在不设借贷等栏的多栏式账页中，登记减少数；

在三栏式账户的余额栏前，如未印明余额方面的，在余额栏内登记负数余额；

根据国家统一会计制度的规定可以用红字登记的其他会计记录。

（6）各种账簿按页次顺序连续登记，不得跳行、隔页。如果发生跳行、隔页，应当将空行、空页划线注销，或者注明"此行空白""此页空白"字样，并由记账人员签名或者盖章。

（7）凡需要结出余额的账户，结出余额后。应当在"借或贷"等栏内写明"借"或者"贷"等字样。没有余额的账户，应当在"借或贷"等栏内写"平"字，并在余额栏内用"σ"表示。现金日记账和银行存款日记账必须逐日结出余额。

（8）每一账页登记完毕结转下页时，应当结出本页合计数及余额，写在本页最后一行和下页第一行有关栏内，并在摘要栏内注明"过次页"和"承前页"字样；也可以将本页合计数及金额只写在下页第一行有关栏内，并在摘要栏内注明"承前页"字样。

对需要结计本月发生额的账户，结计"过次页"的本页合计数应当为自本月初起至本页未止的发生额合计数；对需要结计本年累计发生额的账户，结计"过次页"的本页合计数应当为自年初起至本页未止的累计数；对既不需要结计本月发生额也不需要结计本年累计发生额的账户，可以只将每页未的余额结转次页。

现金日记账和银行存款日记账必须采用订本式账簿。不得用银行对账单或者其他方法代替日记账。

五、登记明细分类账

明细分类账也称明细账，是按照公司分类账户进行登记的账簿。明细账能分类详细地反应和记录资产、负债、所有者权益、费用、成本和收入、利润的各种资料，也为编制会计报表提供一定的资料。明细账的格式，应根据各单位经营业务的特点和管理需要来确定。常用的有"数量金额式""三栏式""多栏式"等多种格式。

1. 数量金额式明细账

（1）数量金额式账页常见格式：账页中分设"借方""贷方"和"余额"或者"收入""发出"和"结存"三大栏，并在每一大栏内分设数量、单价和金额等三小栏。

（2）适用范围：适用于登记既进行金额明细核算，又进行数量明细核算的财产物资项目，比如原材料、库存商品、周转材料等明细核算。

2. 三栏式明细分类账

（1）常见的三栏式账页：账页的格式主要部分为借方、贷方和余额三栏或者收入、支出和余额三栏。

（2）三栏定义：只记录金额不记录数量，包括借方栏、贷方栏和余额栏。

（3）适用范围：三栏式明细账一般适用于只进行金额明细核算的往来项目。

3. 多栏式账页的登记

适用范围：多栏式明细分类账一般运用于核算一个项目大类有多个明细专栏明细账，集中反映有关明细项目的核算资料。比如，生产成本、管理费用、制造费用等明细核算。

六、登记总账

总账是指按照总分类账户(会计科目)进行的分类登记,全面、总括的反映和记录经济业务引起的资金运动和财务收支情况,为编制财务报表提供依据。它是科目汇总表账务处理程序下所独特的账务处理环节。

七、错账更正

(一)产生错账的原因

会计人员在登账过程中,可能会由于记账凭证填制中应借、应贷的会计科目或记账方向发生错误。

记账凭证填制没有错误但在登账时发生了文字或数字的差错。

(二)错账更正的方法

根据会计基础工作规范(1996年6月17日 财政部发布)第六十二条的规定,账簿记录发生错误,不准涂改、挖补、刮擦或者用药水消除字迹,不准重新抄写,必须按照下列方法进行更正。

(1)登记账簿时发生错误,应当将错误的文字或者数字划红线注销,但必须使原有字迹仍可辨认;然后在划线上方填写正确的文字或者数字,并由记账人员在更正处盖章。对于错误的数字,应当全部划红线更正,不得只更正其中的错误数字。对于文字错误,可只划去错误的部分。

(2)由于记账凭证错误而使账簿记录发生错误,应当按更正的记账凭证登记账簿。

具体而言,错账更正的方法有:划线更正法、红字更正法、补充登记法。

1. 划线更正法

(1)使用条件:在结账前的对账过程中发现账簿记录中有文字或数字错误,而记账凭证没有错误时使用。

(2)更正方法:先在错误的文字或数字上划一条水平的单红线,并使原来的字迹清晰可见,然后在红线的上方空白处用蓝字或黑字填写正确的文字或数字,并由更正人员在更正处盖章,已明确责任。

2. 红字更正法(又名红字冲销法)

(1)使用条件:①根据记账凭证记账后,发现记账凭证中应借、应贷的会计科目或记账方向有错误,从而引起的记账错误时使用;②根据记账凭证记账后,发现记账凭证应借、应贷的会计科目和记账方向无误而所记金额大于应计金额,从而引起的记账错误时使用。

(2)更正方法:①用红字金额填写一张与错误记账凭证内容完全相同的记账凭证,在"摘要"栏内注明"冲销×月×日××号凭证"字样,并据此用红笔登记入账,以冲销原记账凭证和错误记录,然后用蓝字或黑字填写一张正确的记账凭证,在"摘要"栏内注明"更正×月×日××号凭证"字样,并据此记账。②将多记的金额用红字填制一张与错误记账凭证内容完全相同的记账凭证,在"摘要"栏内注明"冲销×月×日××号凭证多记金额"字样,并据此用红字记账,以冲销原多记金额。

3. 补充登记法

(1)使用条件:根据记账凭证记账后,发现记账凭证应借、应贷的会计科目和记账方向无误而所记金额小于应计金额,从而引起的记账错误时使用。

(2) 更正方法:将少记的金额用蓝字或黑字填制一张与原始凭证内容完全相同的记账凭证,在"摘要"栏内注明"补记×月×日××号凭证"字样,并据此记账,以补记少记金额。

八、对账

1. 对账的内容

(1) 账证核对。核对会计账簿记录与原始凭证、记账凭证的时间、凭证字号、内容、金额是否一致,记账方向是否相符。

(2) 账账核对。核对不同会计账簿之间的账簿记录是否相符,包括:总账有关账户的余额核对,总账与明细账核对,总账与日记账核对,会计部门的财产物资明细账与财产物资保管和使用部门的有关明细账核对等。

(3) 账实核对。核对会计账簿记录与财产等实有数额是否相符。包括:现金日记账账面余额与现金实际库存数相核对;银行存款日记账账面余额定期与银行对账单相核对;各种财物明细账账面余额与财物实存数额相核对;各种应收、应付款明细账账面余额与有关债务、债权单位或者个人核对等。

2. 对账的要求

(1) 企业应当定期将会计账簿记录与实物、款项及有关资料相互核对,保证会计账簿记录与实物及款项的实有数额相符、会计账簿记录与会计凭证的有关内容相符、会计账簿之间相对应的记录相符、会计账簿记录与会计报表的有关内容相符。

(2) 企业应当定期对会计账簿记录的有关数字与库存实物、货币资金、有价证券、往来单位或者个人等进行相对核对,保证账证相符、账账相符、账实相符。对账工作每年至少进行一次。

九、结账

根据《中华人民共和国会计法》的规定:结账是指在根据在本期内实际发生的经济业务事项全部登记入账的基础上,按照规定的方法对该期内的账簿记录进行小结,算出本期发生额合计和余额,然后将其余额结转下期或者转入新账。

根据《企业财务会计报告条例》第十九条的规定,企业应当依照有关法律、行政法规和本条例规定的结账日进行结账,不得提前或者延迟。

根据《会计基础工作规范》第六十四条规定,各单位应当按照规定定期结账。

(1) 结账前,必须将本期内所发生的各项经济业务全部登记入账。

(2) 结账时,应当结出每个账户的期末余额。需要结出当月发生额的,应当在摘要栏内注明"本月合计"字样,并在下面通栏划单红线。需要结出本年累计发生额的,应当在摘要栏内注明"本年累计"字样,并在下面通栏划单红线;12月末的"本年累计"就是全年累计发生额。全年累计发生额下面应当通栏划双红线。年度终了结账时,所有总账账户都应当结出全年发生额和年末余额。

(3) 年度终了,要把各账户的余额结转到下一会计年度,并在摘要栏注明"结转下年"字样;在下一会计年度新建有关会计账簿的第一行余额栏内填写上年结转的余额,并在摘要栏注明"上年结转"字样。

第二部分　会计综合实训

通过会计综合实训,使学生比较系统地学习制造业会计核算的基本程序和核算方法。加强对所学理论知识的理解,培养学生实际操作能力,了解实际工作中岗位的设置及工作流程。

一、会计综合实训操作规程

(1) 账户按照《企业会计准则》设置。

(2) 根据期初资料余额建账,包括:总分类账、明细分类账、日记账。明细分类账账页按资料备注提示。

(3) 模拟企业的原始凭证见本教材第五部分"原始单据",根据业务要求进行填制或者计算后填制。

(4) 根据模拟企业2019年12月份发生的经济业务填制记账凭证,记账凭证可以选择专用记账凭证,也可以选择通用记账凭证。专用凭证编号可以使用"收""付""转"分别编制,按自然数的顺序编制。通用记账凭证可以使用"记"字来编制。

(5) 账簿启用时,填写扉页。账簿登记发生错误,按照错账更正方法进行更正。

(6) 月度终了,对账后进行结账,12月份有月度结账和年度结账。

(7) 年度终了,编制会计报表及纳税申报表。

【实训组织】 进行岗位实训时,根据学习的总课时及学习者人数情况确定,可以一人一岗,一人多岗分组实训,也可以一人进行角色轮换。

【实训材料】 实验材料如表2-1所示。任课老师可根据实际情况对实验材料进行调整。

表2-1

实验材料需求建议

序号	材料名称	账簿格式	单位	数量	备注
1	现金日记账簿	订本式	张	3	
2	银行存款日记账簿	订本式	张	4	
3	借贷余三栏式明细账	活页式	本	1	
4	数量金额三栏式明细账	活页式	张	20	
5	十三栏式账页	活页式	张	30	
6	口取纸		张	2	
7	收款凭证(或收入凭证)		张	20	也可采用通用记账凭证
8	付款凭证		张	50	
9	转账凭证		本	3	

(续表)

序号	材料名称	账簿格式	单位	数量	备注
10	账簿启用表	活页式	张	2	
11	账户目录	活页式	张	2	
12	总分类账簿	订本式	张	1	
13	应交增值税账页	活页式	张	4	
14	账夹		副	1	
15	封面		张	2	
16	封底		张	2	
17	包角		张	2	
18	科目汇总表		张	10	
19	胶水		瓶	1	
20	直尺		把	1	
21	剪刀		把	1	
22	黑笔		只	1	
23	红笔		只	1	
24	铅笔		只	1	

【考核方式及成绩认定】 实验成绩总分为100分,考核方式采用过程考核。单人做完全部实验,每个实验认定总分为100分,再取加权平均分为实验成绩。分组实验的,每组组内人员实验分数认定总分为100分,再取全组加权平均分为实验成绩。任课老师可根据实际情况做调整。

二、模拟企业基本情况简介

(一)企业名称与经营范围等

企业名称:云南泰亚铝业有限责任公司　　法人代表:刘向阳
地址:昆明市科普路8888号　　联系电话:0871-66688888
开户银行:中国交通银行昆明科普路支行　　账号:530003601020058
增值税一般纳税人,纳税人识别号530011159010123456,增值税税率13%
经营范围:生产铝锭和铝棒等型号产品,全部产品内销
生产工艺流程:该公司设三个基本生产车间,熔炉车间、铸棒车间、铸锭车间;设一个辅助生产车间,机修车间。由熔炉车间领用材料后,进行熔炼,输送到铸棒车间生产铝棒,输送到铸锭车间生产铝锭。熔炉车间当月发生的生产成本全部按一定比例计入铝棒和铝锭的生产成本。铸棒车间和铝锭车间当月的直接人工和制造费用全部计入完工产品成本,直接材料按完工产品的重量与总重量的比例(完工百分比法)在完工产品和在产品之间进行分配。成本核算采用品种法。

(二)财务部门人员

财务总监:付艳
出纳:李化明

会计:王华

仓库管理:赵言君

内部审核:向阳

（三）会计政策

库存现金限额:10 000元

坏账准备按应收账款年末5‰计提。

材料及周转材料采用计划成本核算。入库材料差异逐笔结转。

库存商品按全月一次加权平均法计算。

三、期初建账资料

2019年12月初账户余额如表2-2所示。

表2-2

期初账户余额表

科目编码	总账科目	二级明细科目	三级明细科目	单位	数量	单价	金额	明细账页格式
1001	库存现金						7 806.96	三栏式
1002	银行存款						12 469 354.31	三栏式
1012	其他货币资金						3 500.00	
		银行本票存款						三栏式
		银行汇票存款	上海石化公司				3 500.00	三栏式
1101	交易性金融资产						225 400.00	
		股票投资					225 400.00	三栏式
1121	应收票据						2 838 924.00	三栏式
		银行承兑汇票	云南五化中铝有限公司				1 378 854.00	三栏式
		商业承兑汇票	昆明经明有限公司				1 460 070.00	三栏式
1122	应收账款						1 207 650.00	三栏式
		上海博兴贸易公司					685 000.00	三栏式
		重庆光明铝业有限公司					68 000.00	三栏式
		广西达艺铝制品厂					422 000.00	三栏式
		云南盛大经贸有限公司					32 650.00	三栏式
1221	其他应收款						8 500.00	三栏式

(续表)

科目编码	总账科目	二级明细科目	三级明细科目	单位	数量	单价	金额	明细账页格式
		销售部张山					5 000.00	三栏式
		采购部王石					3 500.00	三栏式
1231	坏账准备						(5 249.32)	三栏式
1403	原材料						1 252 774.00	三栏式
		原料及主要材料					1 077 409.00	三栏式
			铝水	千克	60 506	12.5	756 325.00	数量金额
			外购废铝	千克	26 008	10.5	273 084.00	数量金额
			厂内废铝	千克	4 000	12	48 000.00	数量金额
		辅助材料					107 463.00	三栏式
			硅锭	千克	4 200	15	63 000.00	数量金额
			镁锭	千克	1 800	16	28 800.00	数量金额
			钛硼丝	千克	681	23	15 663.00	数量金额
		燃料					67 902.00	三栏式
			燃1	升	5 012	7.5	37 590.00	数量金额
			燃2	升	3 789	8	30 312.00	数量金额
1411	周转材料						4 836.40	三栏式
		低值易耗品	空气开关	个	10	126	1 260.00	数量金额
		低值易耗品	皮带	条	20	9.1	182.00	数量金额
		低值易耗品	精炼剂	千克	100	3.2	320.00	数量金额
		低值易耗品	灯架	个	21	3	63.00	数量金额
		低值易耗品	机油	升	478	6.3	3 011.40	数量金额
1404	材料成本差异						(2 898.00)	三栏式
		原材料成本差异					(4 466.00)	三栏式
		周转材料成本差异					1 568.00	三栏式
1405	库存商品						1 467 620.00	三栏式

(续表)

科目编码	总账科目	二级明细科目	三级明细科目	单位	数量	单价	金额	明细账页格式
			铝棒	千克	68 900	13.8	950 820.00	数量金额
			铝锭	千克	38 000	13.6	516 800.00	数量金额
1511	长期股权投资						725 000.00	三栏式
		其他投资	犁华煤业公司				500 000.00	
		其他投资	万基矿业				225 000.00	
1601	固定资产						24 536 480.00	三栏式
		房屋及建筑物	厂房				6 800 000.00	三栏式
		生产设备					15 029 500.00	三栏式
			喷油螺杆空压机	套	1		143 000.00	数量金额
			制氮设备	套	1		177 000.00	数量金额
			氮气储气罐	套	1		118 000.00	数量金额
			天然气设备	套	1		175 000.00	数量金额
			多风机玻璃钢冷却塔	套	2		187 500.00	数量金额
			光电直读光谱仪	套	1		1 265 000.00	数量金额
			铸造卷扬系统	套	2		3 135 000.00	数量金额
			同水平密排热顶铸造模具 Φ90	套	2		1 130 000.00	数量金额
			同水平密排热顶铸造模具 Φ110	套	1		1 120 000.00	数量金额
			同水平密排热顶铸造模具 Φ120	套	2		1 110 000.00	数量金额
			同水平密排热顶铸造模具 Φ130	套	2		1 110 000.00	数量金额
			同水平密排热顶铸造模具 Φ150	套	1		1 110 000.00	数量金额

(续表)

科目编码	总账科目	二级明细科目	三级明细科目	单位	数量	单价	金额	明细账页格式
			圆铸锭切割机XLC	套	1		135 000.00	数量金额
			球磨机MQG	套	1		164 000.00	数量金额
			铝合金锭浇铸机	套	1		1 150 000.00	数量金额
			铝熔炼保温炉15T	套	2		1 290 000.00	数量金额
			铝熔炼保温炉25T	套	2		530 000.00	数量金额
			直流电磁搅拌器25T	套	2		305 000.00	数量金额
			行车	套	2		650 000.00	
			铝熔炼保温炉燃烧器	套	8		25 000.00	数量金额
		管理设备					162 480.00	三栏式
			空调	台	5		14 000.00	数量金额
			电脑	台	10		120 800.00	数量金额
			打印一体机	台	5		27 680.00	数量金额
		运输设备					2 544 500.00	三栏式
			卡车	辆	3		1 216 500.00	数量金额
			小轿车	辆	4		1 328 000.00	数量金额
1602	累计折旧						(2 364 781.00)	三栏式
1604	在建工程	回水池					459 000.00	三栏式
1701	无形资产	专有技术					12 000.00	三栏式
5001	生产成本						862 500.00	三栏式
		基本生产成本	熔炉车间					多栏式
		基本生产成本	铸棒车间(直接材料)	千克	23 000	12.3	282 900.00	多栏式
		基本生产成本	铸锭车间(直接材料)	千克	46 000	12.6	579 600.00	多栏式
		辅助生产成本	机修车间					多栏式
5101	制造费用	铸棒车间						多栏式
		铸锭车间						多栏式

(续表)

科目编码	总账科目	二级明细科目	三级明细科目	单位	数量	单价	金额	明细账页格式
	资产合计						43 708 417.35	
2001	短期借款	交通银行					1 000 000.00	三栏式
2201	应付票据						1 586 710.00	三栏式
		商业承兑汇票	曲靖铝厂				600 000.00	三栏式
		银行承兑汇票	上祥经贸公司				986 710.00	三栏式
2202	应付账款						1 727 709.00	三栏式
		深圳重金属有限公司					369 000.00	三栏式
		四川汉铝有限公司					1 358 709.00	三栏式
2211	应付职工薪酬						672 985.00	三栏式
		工资						三栏式
		职工福利						三栏式
		工会经费					12 820.90	三栏式
		职工教育经费					13 179.10	三栏式
		社会保险费					400 000.00	三栏式
			养老保险				235 860.00	三栏式
			医疗保险				124 604.00	三栏式
			失业保险				39 536.00	三栏式
		住房公积金					246 985.00	三栏式
2221	应交税费						645 173.10	三栏式
		应交企业所得税						三栏式
		应交个人所得税						三栏式
		应交城市维护建设税					41 056.47	三栏式
		应交教育费附加					17 595.63	三栏式
		应交增值税						增值税账页
		未交增值税					586 521.00	三栏式

(续表)

科目编码	总账科目	二级明细科目	三级明细科目	单位	数量	单价	金额	明细账页格式
2232	应付利息						16 000.00	
								三栏式
2501	长期借款	交通银行					5 450 000.00	三栏式
4001	实收资本						27 000 000.00	三栏式
4002	资本公积						532 049.00	三栏式
4101	盈余公积						1 654 252.00	三栏式
		法定盈余公积					1 487 604.00	三栏式
		任意盈余公积					166 648.00	三栏式
4104	利润分配						435 843.00	三栏式
		未分配利润					435 843.00	三栏式
4103	本年利润						2 987 696.25	三栏式
	权益合计						43 708 417.35	三栏式

四、2019 年 12 月份发生的经济业务

(1) 1 日,厂部购买办公用品 860 元,以现金支付;

(2) 1 日,销售员沈虹预借差旅费 5 000 元,出纳以现金付讫。

(3) 1 日,企业从武汉市物资公司采购铝水 1 160 000 千克,单价 12 元;购入硅锭 410 000 千克,单价 13.5 元,均取得增值税专用发票,并支付铁路运费 15 000 元,款项未付。

(4) 2 日,昆明五金有限公司寄来购买皮带 20 条,货款 200 元,增值税 26 元,价税合计 226 元,开出一张转账支票支付,当天验收入库。

要求:签发转账支票,填制收料单。

(5) 2 日,签发现金支票一张,计提现金 8 000 元备用。

要求:签发现金支票。

(6) 2 日,向银行申请银行汇票一张,票面金额 4 348 890 元,收款人为深圳重金属有限公司(开户行:中行深圳支行,账号:56732117),交采购部王石采购材料。

要求:填制银行汇票委托书。

(7) 2 日,从交行电汇前欠深圳重金属有限公司货款 369 000 元,交行收取手续费 15 元。

要求:填制电汇凭证。

(8) 3 日,将 12 月 1 日购入的铝水和硅锭材料验收入库。

要求:填制收料单。

(9) 3 日,采购部王石出差归来,报销差旅费 3 450 元,以现金退回余款 50 元,同时核销前期差旅费借款 3 500 元。

要求:开具收据。

(10) 3 日,企业购入四川汉铝有限公司铝水 2 315 000 千克,单价 11.9 元,运费 12 000 元,均取得增值税专用发票,货款以银行承兑汇票支付。

要求:填制汇票申请书。

(11) 3日,购买的铝水验收入库时发现短缺110千克。经查属自然损耗的有50千克,另外的60千克属运输单位运输途中丢失。

要求:填制收料单。

(12) 3日,向交行购买现金支票一本20元、转账支票一本25元,共计45元。

(13) 4日,支付向阳修理厂小轿车修理费,价税合计3 390元,用转账支票支付。

要求:签发转账支票。

(14) 4日,收到银行电汇通知,收到上海博兴贸易公司前欠货款685 000元。

(15) 4日,签发转账支票一张,金额为2 034.00元,购入职工食堂用餐具,增值税专用发票列明价款1 800.00元和税额234元。

要求:签发转账支票。

(16) 4日,采购部王石申请预付昆明汉铝有限公司材料款30 000.00元。

要求:签发转账支票。

(17) 5日,接银行委托收款付款通知,支付上月电话费2 245元。

(18) 5日,公司将未到期的昆明经明有限公司商业承兑汇票500 000元到银行办理贴现,贴现率为4%,已办妥有关贴现手续,款已存入银行。

(19) 12月8日,公司6月8日签发给曲靖铝厂的付款期为6个月商业承兑汇票到期,收到交行转来的委托收款付款凭证付款通知,如数支付票款600 000元。

(20) 8日,销售给重庆光明铝业有限公司铝锭1 520 000千克,单价14.8元/千克,增值税率为13%,收到商业承兑汇票一张,期限(纳税识别号:50010091308973530Y)3个月。其余暂欠。

要求:填制产成品出库单。

(21) 10日,从深圳重金属有限公司购入镁锭254 500千克,单价14元,钛硼丝7 000千克,单价22元/千克,取得增值税专用发票,货款未付,材料已验收入库。

要求:填制收料单。

(22) 10日,云南五化中铝有限公司的银行承兑汇票350 000元到期,向银行办妥收款手续。

(23) 11日,收到银行通知,上月托收的广西达艺铝制品厂货款422 000元已收妥入账。

(24) 12日,缴纳上月增值税586 521元,城市维护建设税41 056.47元,教育费附加17 595.63元。

要求:填制增值税纳税申报表及昆明市地方税务局综合申报表(由于上月的资料不全,可在本月末进行填制练习)。

(25) 12日,缴纳上月工会经费12 820.90元,养老保险235 860元,医疗保险124 604元,失业保险39 536元,住房公积金246 985元。

(26) 14日,签发转账支票一张,购买本月印花税2 150元。

要求:签发转账支票。

(27) 14日,向上海博兴贸易公司(纳税人识别号:3101051781101802833,长宁区明昆路支行,账号:10875246)销售铝棒120 000千克,货已发出,单价14.95元/千克,售价

1 794 000 元,增值税 233 220 元,代垫运杂费(运输公司为三元运输公司)10 000 元,连同运杂费一并办妥托收承付结算手续。

要求:填制增值税专用发票,托收承付凭证,填制产成品出库单,签发转账支票。

(28) 14 日,本市云南五化中铝有限公司购买铝锭 920 000 千克,单价 14.8 元/千克,增值税率 13%,收到对方交来银行承兑汇票,2020 年 2 月 14 日到期。

要求:填制增值税专用发票记账联,填制产成品出库单。

(29) 15 日,根据"工资结算汇总表",发放职工工资 525 638 元。委托银行代发工资,并支付手续费 500 元。签发转账支票一张。

要求:签发转账支票。

(30) 15 日,根据"工资结算汇总表"结转本月代扣款项共 131 620 元,其中:养老保险 52 576 元,失业保险 1 970 元,医疗保险 13 144 元,住房公积金 55 867 元,个人所得税 8 063 元。

(31) 15 日,根据"各项基金计算表",计提各项基金:

计提企业负担的养老保险 105 161 元

计提企业负担的医疗保险金 65 725.8 元

计提企业负担的失业保险金 4 599 元

计提企业负担的住房公积金 55 867 元

(32) 16 日,缴付职工住房公积金 111 734 元。

收款人为:云南泰亚铝业有限责任公司公积金专户。

(33) 16 日,收到中国交通银行转来昆明市五华区社会保险基金管理的社会保险和医疗保险的托收凭证,款项已划转,明细情况如表 2-3 所示。

表 2-3

资料表

项目	单位交付金额	个人交付金额	合计
养老保险			
失业保险金			
医疗保险金			
合计			

(34) 16 日,售给重庆光明铝业有限公司铝锭 1 330 000 千克,单价 14.8 元/千克,售价 19 684 000 元,增值税 2 558 920 元,价税合计 22 242 920 元,运杂费 2 800(本公司车辆运输)元,收到银行汇票,已办妥收款手续。

要求:增值税专用发票记账联,进账单,填制产成品出库单。

(35) 16 日,向昆明汉铝有限公司购买铝水 1 200 000 千克的有关凭证已到,单价 10 元/千克,货款 12 000 000 元,增值税 1 560 000 元,价税合计 13 560 000 元,运杂费等 28 000 元,余款用转账支票支付。

要求:签发转账支票,填制收料单。

(36) 18 日,收到银行通知,上月采购汽油的银行汇票结算多余款 3 500 元,已划回收账。

(37) 18日,销售部张山出差回来报销差旅费7 900元,以现金支付多余款项2 900元,同时核销原出差借款5 000元。

(38) 18日,采购员王石申请商业承兑汇票一张,金额10 983 600元,期限2个月,向曲靖铝厂购买铝水810 000千克,单价12元/千克,增值税专用发票列明价款9 720 000元,税额1 263 600元,货已验收入库。

要求:填制交通银行汇票申请书,收料单。

(39) 20日,接银行转来入账通知,12月14日,向上海博兴贸易公司托收的货款,已收到入账。

(40) 21日,上月向重庆光明铝业有限公司托收运杂费,对方提出全部拒付运杂费10 000元。合同规定运杂费由卖方承担。

(41) 22日,云南盛大经贸有限公司应收账款32 650元,已逾期3年,因该厂经营不善,濒于倒闭,所欠账款已无法收回,经核准作为坏账处理。

(42) 22日,行政部门本月购买办公用品6 350.00元,其中熔炉车间、铸棒车间、铸锭车间、机修车间、行政管理部门应分别负担1 100.00元、900.00元、1 600.00元、950.00元、1 800.00元。出纳以支票付讫。

(43) 22日,收到交通银行的付款通知,9月22日借入的短期借款1 000 000元已经到期,年利率9.6%。从工行基本存款账户转入工商银行一般存款账户1 024 000,归还借款本金和利息。(期初应付利息16 000元)

(44) 22日,签发转账支票一张,支付广告费86 000元,收到广告公司开出的发票。

要求:签发转账支票。

(45) 23日,销售给云南玉溪铝业有限公司铝棒15 000千克,每千克14.95元,开出增值税专用发票,价款224 250元,税款29 152.5元。收到对方开具的转账支票。

要求:增值税专用记账联,进账单,填制产成品出库单。

(46) 25日,接银行通知,收到四季度银行存款利息。

(47) 25日,售给上海博兴贸易公司铝棒240 000千克,单价14.95元/千克,开具增值税发票,货款3 588 000元,增值税466 440元,价税合计4 054 440元,代垫运费10 800元,向银行办妥托收手续。

要求:增值税专用发票记账联,托收凭证(受理回单),填制转账支票、产成品出库单。

(48) 26日,将持有的云南五化中铝有限公司银行承兑汇票1 000 000元背书转让,用以支付购买四川汉铝有限公司铝水货款,不足部分以转账支票支付358 709元。

要求:签发转账支票。

(49) 29日,上海博兴贸易公司反馈25日销售的铝棒出现质量问题,经双方协商,同意折让5%销售,开具红字发票。

要求:增值税专用发票记账联。

(50) 29日,将已批准也报废的小轿车(原值:332 000元,已提折旧:213 600元)送往废旧物资回收公司,收到该公司开具的收购凭证和支票各一张,收购金额7 800元,企业将支票送存银行。同时支付杂费150元以现金付讫。

要求:填制进账单;开具收据。

(51) 30 日,收到"固定资产验收单",回水池工程现已竣工并已投入使用。

(52) 30 日,已于 2019 年 5 月注销的云南高星公司账款 55 000 元,经努力收回其中的 50 000 元,已电汇至公司账上。

(53) 30 日,对企业库存现金进行盘点,盘盈现金 60 元。

(54) 30 日,开出 50 000 元的转账支票一张,通过希望工程基金会捐赠绿劝山区小学。

要求:签发转账支票。

(55) 30 日,经双方协议,云南泰亚铝业有限责任公司同意重庆光明铝业有限公司以其网络服务器(固定资产)抵偿债务,这台服务器的历史成本 50 000 元,累计折旧 18 500 元,评估确认的原价为 40 000 元,评估确认的净价为 30 000 元。

(56) 30 日,元旦发给职工的礼物,取得增值税发票列明价款 5 000 元,税额 850 元以支票支付款项。

要求:签发转账支票。

(57) 30 日,向昆明园西电子购物中心购入办公用计算机 1 台,价款 12 000 元,增值税 1 560 元,共计 13 560 元,已交付使用,款项电汇至对方账户。

要求:填制电汇凭证(汇款信息见增值税发票)。

(58) 30 日,销售云南五华中铝有限公司铝棒 605 000 千克,不含税单价 14.95 元/千克,铝锭 1 130 000 千克,不含税单价 14.8 元/千克,收到对方签发并承兑的银行本票一张,款项已收妥。

要求:开具增值税专用发票;填制产成品出库单;填制进账单。

(59) 30 日,根据设备管理科提供的"固定资产折旧汇总表"计提本月折旧271 233 元:

熔炉车间:33 432 元,机修车间 845 元,铸棒车间 71 636 元,行政管理部门 42 983 元,铸锭车间 122 337 元。

(60) 30 日,洛程物流运输部门结算本月发生的销货运费,共计 305 000 元,增值税率为 9%,用转账支票结算。

要求:签发转账支票。

(61) 30 日,摊销专利技术的价值 2 400 元。

(62) 31 日,根据"工资结算汇总表"进行应付工资的分配,并按工资总额计提三项经费。同时根据工时资料在有关产品之间进行工资及福利费的分配。

(63) 31 日,收到中国交通银行转来自来水公司的托收凭证,付讫款项共计 10 436.4 元,增值税专用发票列明水费 9 574.68 元,增值税 861.72 元。本公司在支付水费当即按下列固定比例进行分配:熔炉车间 6%,铸棒车间 38%,铸锭车间 46%,机修车间 4%,行政管理部门 6%。

(64) 31 日,收到中国交通银行转来电业公司托收凭证,付讫款项共计,152 878.05 元,增值税专用发票列明电费 130 665 元,增值税 16 986.45 元。本公司在支付电费时,当即按下列固定比例进行分配:

熔炉车间:21%,铸棒车间 22%,铸锭车间 48%,机修车间 5%,行政管理部门 4%。

(65) 31 日,企业支付各部门发生的一般性修理费用 26 845.00 元,其中熔炉车间:2 486.00 元,铸棒车间:8 263 元,铸铝车间 7 544.00 元,机修车间:1 962 元,行政管理部门

6 590.00元,款项也用转账支票支付并取得了增值税的普通发票。

要求:签发转账支票。

要求:编制完成熔炉车间产品成本计算表。

(66) 31日,根据"物资采购明细单"和"材料成本差异明细账"提供的有关资料,计算原材料成本差异率和周转材料差异率(精确到0.000 001),根据本月领料单、退料单汇总本月原材料耗用情况并结转差异。

要求:编制材料成本差异率计算表;编制原材料耗用汇总表。

(67) 31日,根据本月领料单汇总本月低值易耗品用情况并结转差异。

要求:编制周转材料耗用汇总表。

(68) 31日,收到现金盘盈盘亏处理通知单,据查无法查明原因,对盘盈的现金进行处理。经领导批准,计入营业外收入。

(69) 31日,按修理工时分配结转本月机修车间发生的生产费用,其中:熔炉车间500工时,铸棒车间1 500工时,铸锭车间800工时,行政管理部门400工时。

(70) 结转各车间的制造费用。

要求:编制制造费用结转表。

(71) 31日,计算本月熔炉车间产品的成本。并分配本月熔炉车间的成本,按铝锭和铝棒产量分配(实际产量:铝锭4 865 000千克,铝棒1 250 150千克)。

要求:编制完成熔炉车间产品成本计算表,编制熔炉车间产品成本分配表。

(72) 31日,计算并结转本月铸棒车间完工产品的成本。

要求:编制完成铸棒车间产品成本计算表。

(73) 31日,计算并结转本月铸锭车间完工产品的成本。

要求:编制完成铸锭车间产品成本计算表。

(74) 31日,结转本月完工产品的成本。实际产量:铝锭4 865 000千克,铝棒1 250 150千克。

要求:编制产品成本汇总表;填制产品入库单。

(75) 31日,采用全月一次加权平均法,结转各产品销售成本。

要求:填制产品收发存月报表。

(76) 31日,结转本月未交增值税。

(77) 31日,计提应交的城建税和教育费附加。

(78) 31日,因技术发展日新月异,公司原有的专利技术已贬值,计提无形资产减值准备3 000元。

(79) 31日,收到投资公司送来本年利润表,有关资料如表2-4所示。

表2-4

资料表

接受投资单位名称	本单位出资比例	本年净利润(元)
犁华煤业公司	35%	423 480.00
万基矿业	10%	-15 800.00

(80) 31 日，企业曾于 10 月 30 日持一张上海华林贸易公司（付款人）签发的面值 100 000 元的商业承兑汇票向银行贴现（出票日为 9 月 30 日，到期日是 12 月 31 日，年息为 12%），贴现净额 10 570 元。12 月 31 日该汇票到期，因承兑人银行账户资金不足支付，银行退回应收票据，并送来支款通知；银行向企业追索已贴现商业承兑汇票本息 103 000 元（票面金额 100 000 元，利息 3 000 元），全部款项已从企业存款账户中划转。

(81) 31 日，按年末应收账款和其他应收款余额的 5‰ 调整坏账准备。

(82) 31 日，对本月利润总额进行纳税调整，并按 25% 的税率计算、结转应交所得税。该公司 2014 年 1~11 月份累计广告费 1 602 380 元，1~11 月累计工资总额为 7 253 923 元，1~11 月份无其他应纳税调整事项。

(83) 31 日，将损益类账户余额结转至"本年利润"账户。

(84) 31 日，将"本年利润"账户余额转入"利润分配——未分配利润"账户。

(85) 31 日，分别按全年税后利润的 10% 计提本年盈余公积，5% 提取公益金，并根据董事会决议按出资比例向投资者分配股利 756 000 元，尚未发放。

(86) 31 日，将"利润分配"账户其余各明细账户的余额，转入"利润分配——未分配利润"账户。

第三部分　会计分岗实训

通过分岗实训,使学生比较系统地学习制造业各岗位会计核算的基本程序和核算方法。培养学生实际操作能力,了解实际工作中各岗位的设置及工作流程。(本部分的经济业务资料与第二部分的业务资料相同。)

一、出纳岗位实训

(一)出纳岗位概述

1. 出纳岗位职责

(1)按照国家有关现金管理和银行结算制度的规定,办理现金收付和银行结算业务。出纳员应严格遵守现金开支范围,非现金结算范围不得用现金收付;遵守库存现金限额,超限额的现金按规定及时送存银行;现金管理要做到日清月结,账面余额与库存现金每日下班前应核对,发现问题,及时查对;银行存款日记账与银行对账单也要及时核对,如有不符,应立即通知银行调整。

(2)根据会计制度的规定,在办理现金和银行存款收付业务时,要严格审核有关原始凭证,然后根据审核无误的收付款凭证逐笔顺序登记现金日记账和银行存款日记账,并结出余额。

(3)掌握银行存款余额,不准签发空头支票,不准出租出借银行账户为其他单位办理结算。

(4)保管库存现金和各种有价证券(如国库券、债券、股票等)的安全与完整。

(5)保管有关印章、空白收据和空白支票。

2. 出纳岗位核算流程

出纳岗位核算流程如图 3-1 所示。

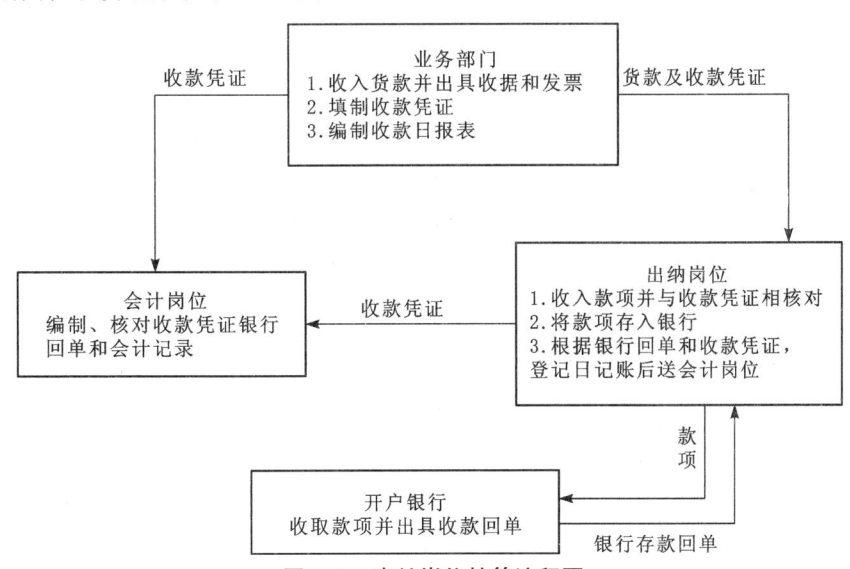

图 3-1　出纳岗位核算流程图

（二）出纳业务实训操作规程

(1) 学生需要填写如下原始凭证：

① 交通银行现金支票：第5题，共1张；

② 交通银行转账支票：第4、13、15、16、26、29、32、35、44、48、54、56、60、65题，共14张；

③ 交通银行银行汇票委托书：第6题，共1张；

④ 交通银行电汇凭证：第7、57题，共2张；

⑤ 收据：第9、50题，共2张；

⑥ 银行承兑汇票申请单：第10题，共1张；

⑦ 商业承兑汇票申请书：第38题，共1张；

⑧ 交通银行进账单：第45、50、58题，共3张。

(2) 将涉及库存现金、银行存款的原始凭证顺序编号。

(3) 将涉及库存现金的原始凭证按编号的先后顺序登记库存现金日记账。

(4) 将涉及银行存款的原始凭证按编号的先后顺序登记银行存款日记账。

(5) 将登记好的银行存款日记账与银行对账单核对，如果双方余额不等，找出未达账项，编制银行存款余额调节表。

(6) 对账。将登记好的库存现金日记账和银行存款日记账与会计登记的库存现金总账和银行存款总账核对。

(7) 结账。结出本月合计，并在本月合计下面通栏画单红线。本年合计下面画双红线。

【实训耗材】 现金日记账2张，银行存款日记账4张。

【建议课时】 12学时。

【实训总结】 ①谈谈你对出纳岗位职责的新认识。②简述各种银行结算方式的适用情况及结算程序。③谈谈企业银行存款的核对办法及对对账结果的处理。

二、存货会计岗位实训

（一）存货会计岗位概述

1. 存货会计岗位职责

(1) 会同有关部门建立、健全存货管理制度，包括存货收发手续、购货规程、仓库管理制度、凭证传递程序、存货核算方法、清查盘点制度等。

(2) 负责存货收发业务原始凭证的审核，计算存货采购成本和发出存货的成本，进行存货收、发、存的明细核算。对在途存货监督清收，对已验收入库尚未付款的存货，月终暂估入账。

(3) 配合有关部门订存货消耗定额，对存货实行计划成本计价核算的企业，还要编制存货计划成本目录。

(4) 合同有关部门分析存货的储备及保管情况，定期报告存货收、发、存情况。对存货的超常储备或长期积压及报告不善造成浪费的现象，分析原因，提出处理意见和建议，督促有关部门处理。

(5) 协同有关部门对存货进行定期清查盘点、落实核对并进行相应的账务处理。

(6) 期末进行存货价值检查，计提存货减值准备金。

2. 存货会计岗位核算流程

存货会计岗位核算程序如图3-2所示。

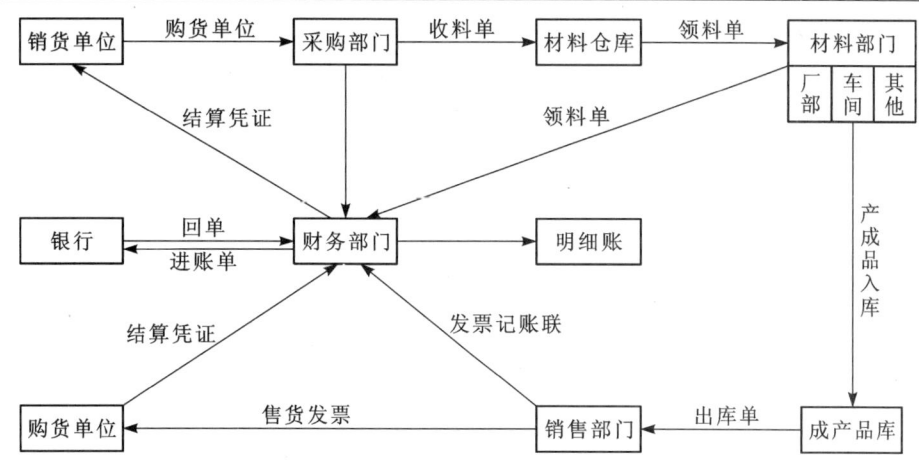

图 3-2 存货会计岗位核算程序

(二) 存货会计岗位实训操作规程

(1) 开设原材料——铝水、外购废铝、厂内废铝、硅锭、镁锭、钛铷丝等原料及辅助材料明细账,开设材料采购、委托加工物资等明细账。

(2) 补充填写有关原始凭证(如凭证 4-3、凭证 8-1、凭证 11-1、凭证 20-3、凭证 21-3、凭证 35-3、凭证 38-4 等)。

(3) 根据所列经济业务编制记账凭证。

(4) 按计划成本法计算本月发出材料的成本。

(5) 登记原材料相应的明细账。

【实训耗材】 记账凭证 12 张;数量金额式明细账 15 张;总分类账页 15 张。

【建议课时】 12 课时。

【实训总结】 ①简述存货会计岗位职责。②谈谈存货明细核算的组织方式、兼谈存货会计与仓库保管的关系。③简述对计划成本的理解。

三、固定资产岗位实训

(一) 固定资产岗位概述

1. 固定资产会计岗位职责

(1) 熟悉、掌握并执行有关固定资产管理制度,掌握本单位(部门)固定资产的数量及增减变动情况。

(2) 负责本单位(部门)资产的账、卡、物的管理,做好使用情况和检修保养情况记录,确保资产的使用寿命和使用效率。

(3) 负责本单位(部门)的资产清查、登记、统计报告等基础管理工作。

(4) 协助主管部门对本单位(部门)的固定资产进行清查、登记、统计、汇总及日常监督检查工作,做到账账、账卡、账实相符。

(5) 按规定程序及时办理资产报废处置手续。

(6) 负责做好本单位(部门)资产归档的收集、整理和管理工作。

(7) 人员调离、退休或连续外出 3 个月以上应在主管部门监督下办理移交手续。

2. 固定资产会计核算流程

固定资产会计核算流程如图 3-3 所示。

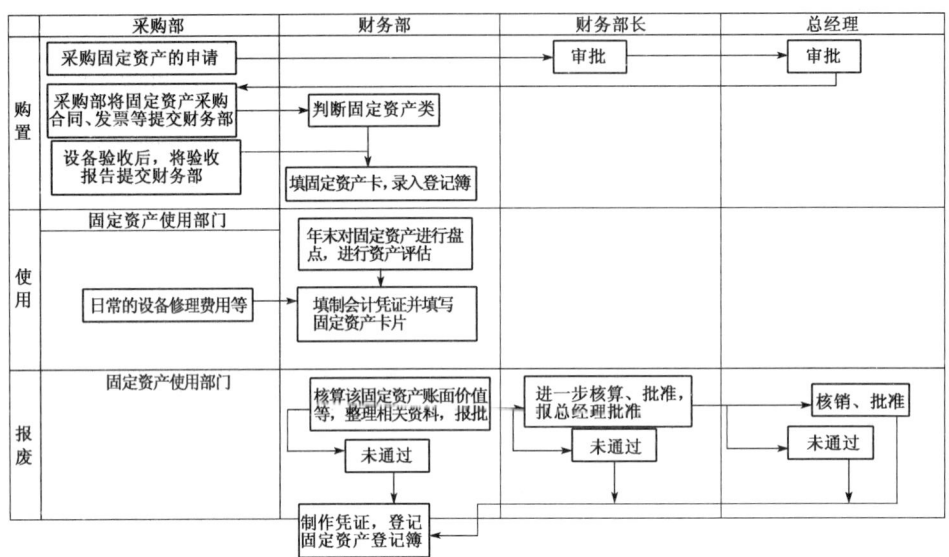

图 3-3　固定资产岗位核算流程图

(二) 固定资产实训操作规程

填写如下原始凭证:

(1) 交通银行进账单:第 50 题,共 1 张;

(2) 收款收据:第 50 题,共 1 张;

(3) 电汇凭证:第 57 题,共 1 张。

【实训耗材】　进账单 1 张,收款收据 1 张,电汇凭证 1 张。

【建议课时】　2 学时。

【实训总结】　①谈谈你对固定资产岗位职责的新认识。②简述固定资产折旧方法及计算不同折旧法下的折旧额。③谈谈对固定资产清理结果的处理。

四、薪酬岗位实训

(一) 薪酬岗位概述

1. 薪酬会计岗位职责

(1) 负责日常人事管理工作,包括员工考勤统计、劳动年检、人事档案等。

(2) 根据公司批准的报酬分配方案,负责审定各类员工的薪资标准和奖金发动标准。执行薪资福利政策与薪资管理,确保所有的薪资福利项目符合劳动法。

(3) 负责定期或不定期的全公司工资调整工作,以及因试用、转正、转岗、升降职、退休和奖励带来的个别员工工资变动。

(4) 负责员工考勤、调休、请假、加班管理与统计,按考核规定具体审定各部门职工月工资、季度、年度奖金和津贴的发放。

(5) 根据国家有关法规和政策,审定劳保、医疗、养老、失业和福利等项目和支出水平,为各有关人员办理相应的手续。

(6) 配合有关部门和方面做好医疗保险、结婚、计划生育、人口统计、社区选举和劳动争议等具体工作。

(7) 为各部门提供薪资福利方面的咨询服务。

(8) 结合绩效考核,协助设定合理的薪资福利调整计划。

(9) 负责员工关怀、访谈等工作。

2. 薪酬岗位核算流程

薪酬岗位核算流程如图 3-4 所示。

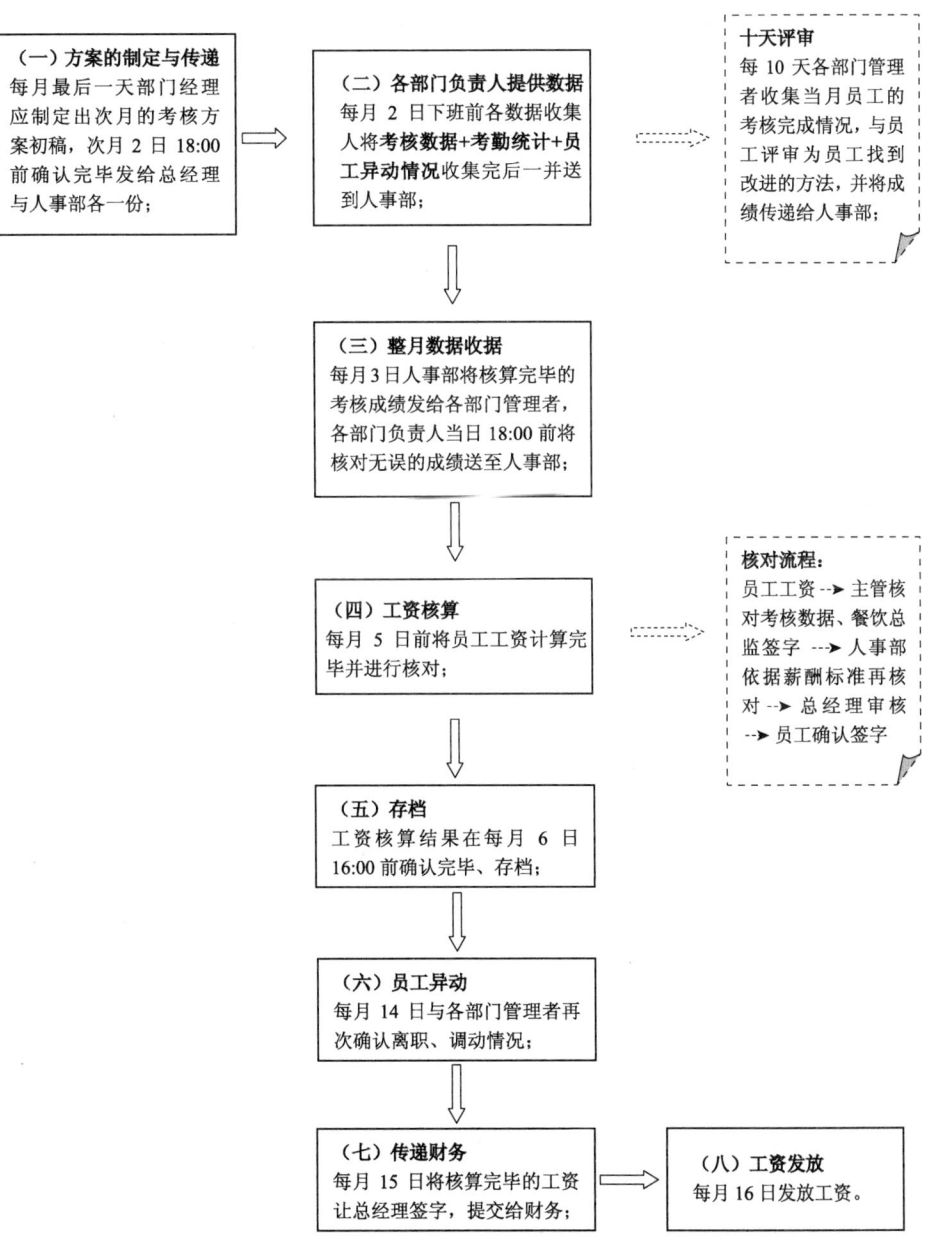

图 3-4 薪酬岗位核算流程

（二）薪酬岗位实训操作规程

学生需要填写的原始凭证有：交通银行转账支票：第29、第32、第56题共3张。

【实训耗材】 转账支票3张。

【建议课时】 2学时

【实训总结】 ①谈谈你对薪酬岗位职责的新认识。②简述薪酬岗位核算的内容。③谈谈薪酬核算的账务处理过程。

五、往来款项会计岗位实训

（一）往来款项会计岗位概述

1. 岗位职责

（1）对应收款项和票据进行管理和核算。

（2）对应付款项进行管理和核算。

（3）建立往来款项清算手续制度，会同各有关部门办理好各往来款项的结算。

（4）进行往来款项结算的明细核算，并随时提供有关的往来结算信息。

（5）对长期不能收回的债权，应及时报告有关领导；对确实不能收回的款项，做好核销等相应工作。

2. 往来款项会计岗位流程

往来款项会计岗位核算流程如图3-5所示。

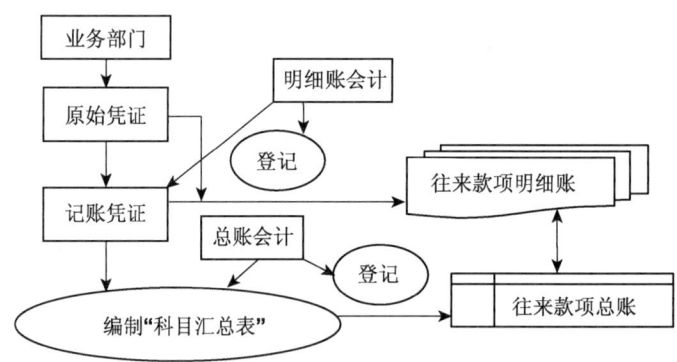

图3-5 往来款项岗位核算流程图

（二）往来款项岗位实训操作规程

1. 需要补充填写的原始凭证

（1）交通银行转账支票：第16、35、48题，共3张。

（2）交通银行电汇凭证：第7题，共1张。

（3）收据：第9题，共1张。

（4）银行承兑汇票申请单：第10题，共1张。

（5）中国交通银行商业承兑汇票申请书：第38题，共1张。

（6）制作产品出库单：第20题，共1张。

（7）收料单：第21、38题，共2张。

(8) 增值税发票:第 28、47、49 题,共 3 张。
(9) 差旅费报销单:第 37 题,共 1 张。
(10) 坏账处理申请书:第 41 题,共 1 张。
(11) 托收凭证(受理回单):第 47 题,共 1 张。

2. 编制记账凭证

编制第 2、3、7、9、10、14、16、18、19、20、21、22、23、27、28、35、37、38、39、40、41、47、48、49、52、55、81、82 题的记账凭证,共 29 张。

3. 登记总分类账和明细分类账

(1) 登记并结账:应收票据、应收账款、应付账款、应付票据、预付账款、其他应收款、坏账准备总账,共 7 张。

(2) 登记并结账:应收票据、应收账款、应付账款、应付票据、预付账款、其他应收款、坏账准备明细账,共 21 张。

(3) 对账。将登记好的各个明细账发生额及余额与其所属各总账发生额及余额核对。

(4) 结账。结出各个账户本月合计,并在本月合计下面通栏划单红线。

【实训耗材】 记账凭证张 29 张;明细账账页张 21 张;总账账页张 7 张。

【建议课时】 18 学时。

【实训总结】 ①简述往来会计岗位职责。②谈谈往来账项的记账原则及与相应报表项目编报的关系。③企业应如何加强应收款项的管理。

六、成本会计岗位实训

(一) 成本会计岗位概述

1. 成本会计岗位职责

(1) 审核公司各项成本的支出,进行成本核算、费用管理、成本分析,定期编制成本分析报表。加强成本控制促进降低成本。

(2) 进行有关成本管理工作,主要做好成本的核算和控制。负责成本的汇总、决算工作。

(3) 协助各部门进行成本经济核算,并分解下达成本、费用、计划指标。收集有关信息和数据,进行有关盈亏预测工作。

(4) 评估成本方案,及时改进成本核算方法。

(5) 负责登记成本明细分类账、编制成本报表,保管好成本计算资料并按月装订,定期归档。

(6) 做好各相关成本上升资料的整理、归档、数据库的建立、查询、更新工作。

(7) 负责配合制定成本核算方法,编制成本预算、决算报表。

(8) 负责拟定公司成本实施细则,审批后组织执行。

(9) 加强产成品与半成品的核算,每月末进行成本分配,及时与生产、销售部门核对在产品、产成品并编制差异原因上报。

(10) 配合财务主管做好公司会计制度、内控制度程序的设计、建立、健全。

(11) 配合财务主管做好公司财务预算、决算及财务状况分析。

(12) 组织、督促相关人员及时按要求开展财务清查、盘点等工作。

(13) 不断监督、调查各部门执行成本情况，并就出现问题及时上报。

(14) 掌握先进的成本管理和成本核算方法及计算机操作，提出降低成本控制措施与建议。

(15) 负责检查与督促与成本有关的管理制度、内部控制制度与监督方面的规章制度的执行情况。

(16) 负责分析、跟踪、监督库存管理。

(17) 负责对公司积压库存与原料处理等情况进行统计分析，不定期地对库存账、实际情况进行抽查。

(18) 参与公司资产的清查盘点，审核盘点报表，并按时报送盘点报表。会同有关部门制定库存商品的最低、最高限额。

(19) 负责公司资产的监督与检查工作。

(20) 对公司财务数据必须保密，认真完成总经理及财务主管安排的其他工作。

2. 成本会计岗位核算流程

成本会计核算流程如图 3-6 所示。

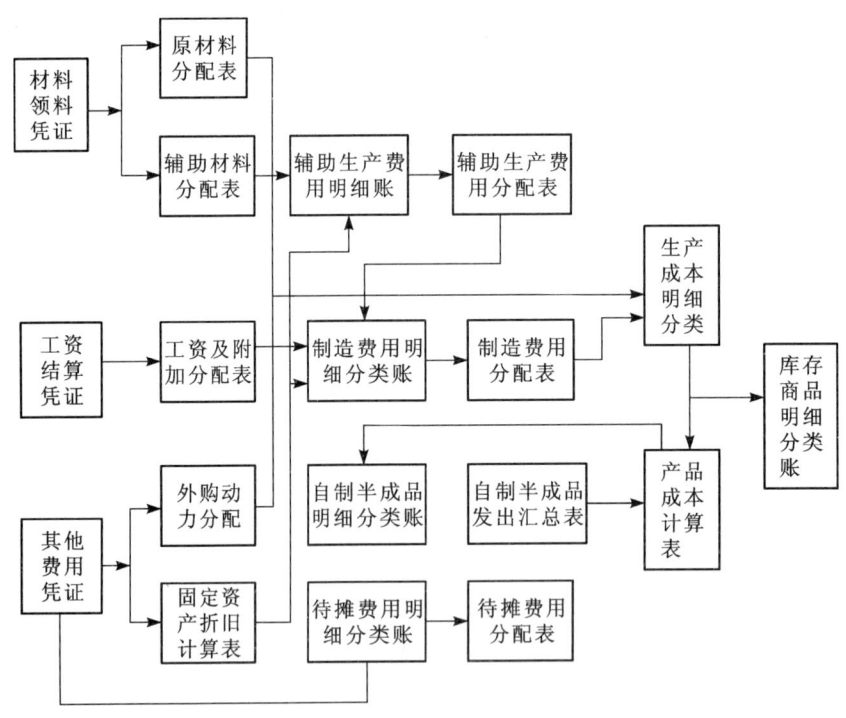

图 3-6 成本会计核算岗位流程图

（二）成本会计核算岗位实训规程

(1) 开设"生产成本""制造费用"和"库存商品"明细分类账。

(2) 补充填制的会计凭证有：原材料汇总表、转账支票、办公费用分配表、制造费用分配表、产品成本计算表。

【实训耗材】 记账凭证 20 张；明细分类账页：数量金额 5 张，多栏式 5 张。

【建议课时】 12 课时。
【实训总结】 撰写成本会计岗位实训手册、进行小组总结。

七、销售岗位实训

（一）销售岗位概述

1. 销售岗位职责

（1）负责宣传、贯彻执行国家和上级主管部门有关销售业务的财务管理制度、政策、法律、法规。

（2）负责贯彻执行公司内部控制制度及销售业务有关管理规定。

（3）负责领导、管理销售结算科内各项工作及协调与其他科室、相关部门之间的业务往来。

（4）负责每月公司财务部销售财务分析。

（5）负责开票机发票复核及管理。

（6）负责销售收入及销售税金核算。

（7）负责领取、开具产品出门证。

（8）负责销售转账凭证的制作、装订、保管。

（9）受直接上级领导、对直接上级负责，及时完成上级领导交办的各项工作任务。

2. 销售岗位核算流程

销售岗位核算流程如图 3-7 所示。

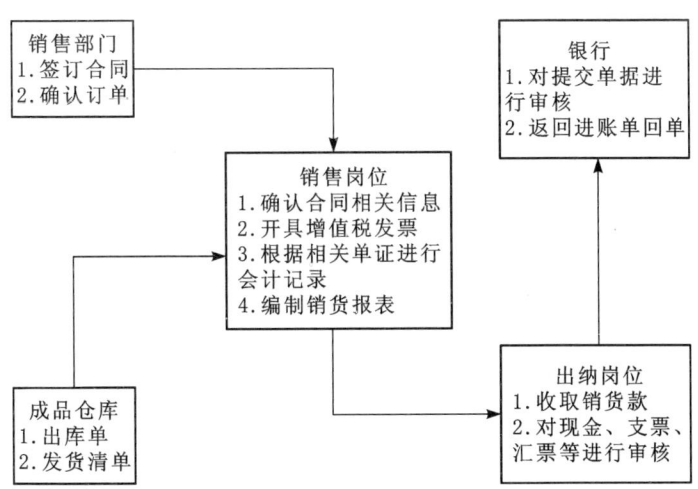

图 3-7 销售岗位核算流程图

（二）销售业务实训规程

（1）填写原始凭证、编制记账凭证。

（2）登记涉及销售科目的总账与明细账。

（3）对账。总账与所属明细账核对。

（4）结账。结出本月合计，并在本月合计下面通栏划单红线。

【实训耗材】 总分类账 2 张、明细分类账(三栏式) 4 张。
【建议课时】 12 学时。
【实训总结】 ①谈谈你对本岗位职责的新认识。②简述销售环节涉及科目和结构。③谈谈销售与利润的关系。

八、税务会计岗位实训

(一)税务会计岗位概述

1. 税务会计岗位岗位职责

(1)每月编制地税申报表(城建税、教育附加、工薪所得税、印花税等)。负责在规定时间内按时交纳各种地方税费。

(2)负责日常开具各种增值税发票、普通发票及其他票据。

(3)每月按时抄报税,按时填制申报表办理国税申报业务。

(4)负责地税、国税每年年鉴工作。

(5)负责及时购买地税、国税普票、增值税发票的领取,并严格按照税务发票的管理规定,专人保管好库存未使用的空白发票。

(6)负责对已使用的发票进行装订成册入档保管,并认真按照税务规定对填写错的发票,进行冲票或重开具正确的发票。

(7)配合完成税务部门安排的各种检查以及其他工作。

2. 税务会计岗位核算流程

税务会计岗位核算流程如图 3-8 所示。

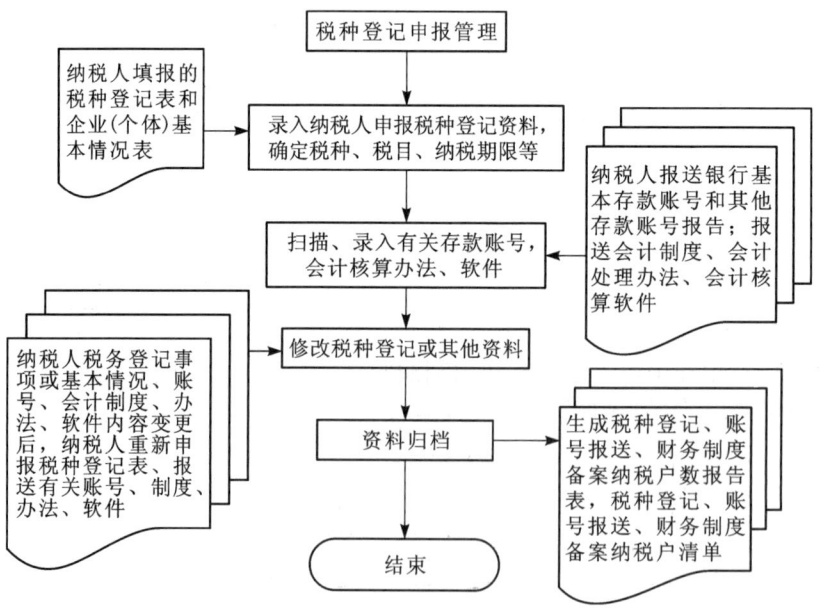

图 3-8 税务会计岗位核算流程图

(二)税务会计岗位实训规程

(1)根据资料,熟悉原始凭证,并按要求填制空白原始凭证,学生需要补充填制的原始凭证有转账支票、增值税专用发票、增值税纳税申报表、地方税务局综合申报表、纳税调整计算表。

(2) 根据经济业务,填制记账凭证。

(3) 根据记账凭证登记账簿。

(4) 对账。将登记好的库存现金日记账和银行存款日记账与会计登记的库存现金总账和银行存款总账核对。

(5) 结账。结出本月合计,并在本月合计下面通栏划单红线。

【实训耗材】 记账凭证、现金日记账、银行存款日记账、三栏式明细账、增值税专用账页、总分类账页。

【建议课时】 4课时。

【实训总结】 ①谈谈你对税务会计岗位的认识。②作为税务会计怎样做好本职工作。③撰写税务会计岗位实训手册、进行小组总结。

九、利润与报表岗位实训

(一) 利润与报表岗位概述

1) 利润与报表岗位职责

(1) 利润核算岗位职责

① 熟悉并掌握国家有关利润核算方面的制度规定,真实反映企业利润的形成和分配情况。

② 编制利润计划。根据企业目标利润和本单位的销售计划、成本计划等有关资料,编制每月、每季、每年的利润计划,落实到有关部门,进行督促检查,以保证利润指标顺利实现。

③ 办理销售款项的结算业务。认真审查销售业务的有关凭证,严格按照销售合同、国家规定价格和银行结算制度,及时办理销售款项的结算,催收销售货款。发生销售纠纷,货款被拒付时,及时会同有关部门处理。

④ 货款收回(包括直接结算部分),按规定及时正确地填制记账凭证,进行账务处理。

⑤ 负责销售和利润的明细核算。根据销货发票等有关凭证,正确计算销售收入、成本、费用、税金和利润以及其他各项收支,按照国家有关规定,严格审查营业外支出、企业管理费用、财务费用和销售费用开支和用利润归还的各种专项借款。按规定计算利润分配,计算应交税金,登记有关明细账。同时经常核对产成品的账面余额和实际库存数,核对销货往来明细账,做到账实、账账相符。

⑥ 销货款是否及时清理回收,若有长期拖欠货款造成坏账损失,应按有关规定进行坏账损失的账务处理。

⑦ 编制利润表、利润分配表,进行利润的分配和考核。根据账簿记录和有关资料,编制有关的利润表和利润分配表。考核利润计划的执行情况,对偏离计划的原因进行分析,预测市场销售情况,提出扩大销售、增收节支和增加利润的建议和措施。

⑧ 协助有关部门对产成品进行清查盘点。平时协助有关部门对库存产品进行反复盘点,并于年终进行全面清查。

(2) 报表核算岗位职责

① 按照会计制度的规定,设置会计科目、会计凭证和会计账簿,并按照《会计人员工作规则》所规定的方法记账、结账、对账。设置会计科目、会计凭证和会计账簿时,要结合行业、企业的生产经营和财务核算的特点,凭证和账簿要按统一印制的格式设置,并按一定规则记账、结账、对账。

② 正确及时进行会计业务综合汇总工作,严格审查汇总记账凭单,及时登记总账及分管的明细账。总账的余额必须和各明细账余额相符。如发现账账不符,应查明原因,及时处理。报表人员要熟悉其他岗位核算人员所应掌握的知识,熟悉本企业会计核算规程、凭证传递路线和手续、会计核算工作细则及会计核算形式等方面的知识。

③ 每月终了,要根据总账和有关明细账的记录编制资产负债表、财务状况变动表及其他分管的报表。会计报表要互相核对,有对应关系的数字必须保持一致。核对无误后,将各种报表连同财务状况说明书加具封面,装订成册,经审核签章后及时报出。

④ 复核会计凭证是否合法,内容是否真实,手续是否完备,数字是否正确。对账簿记录要进行抽查,是否符合记账要求。复核中发现问题和差错,应通知有关人员查明更正和处理。

⑤ 对记账凭证的编号、整理、装订提出规范化要求。每月终了,整理装订会计资料,集中保管。年终办完决算后,应将全年的会计凭证、报表收集齐全,整理清楚,分类排列,以便查阅。需要归档的会计资料,应按照《会计档案管理办法》的规定,办理会计资料归档手续,并管理会计档案。

(二) 利润与报表岗位核算流程

(1) 利润分配的一般程序如图3-9所示。

```
┌─────────────────────────────────────────────────┐
│ 弥补以前年度亏损:                                │
│ 经批准用税前利润弥补亏损或用净利润弥补亏损时,不做账务处理 │
└─────────────────────────────────────────────────┘
                         ↓
┌─────────────────────────────────────────────────┐
│ 提取法定盈余公积金:                              │
│ 公司分配当年税后利润时,应当将提取利润的10%列为公司的法定公积金; │
│ 公司法定公积金累计额为公司注册资本50%以上的,可以不再提取 │
└─────────────────────────────────────────────────┘
                         ↓
┌─────────────────────────────────────────────────┐
│ 提取任意盈余公积:                                │
│ 提取法定盈余公积后,经股东会决议还可以从税后利润中提取任意盈余公积金 │
└─────────────────────────────────────────────────┘
                         ↓
┌─────────────────────────────────────────────────┐
│ 向投资者分配利润:                                │
│ 公司弥补亏损和提取公积金后所余税后利润需要向股东分配利润,若以前年度未分配的利润,也可以并入本年度向投资者分配 │
└─────────────────────────────────────────────────┘
```

图 3-9 利润分配的一般程序

(2) 报表编制的流程如图3-10所示。

核实资产：
主要包括清点现金和应收票据、核对银行存款与银行存款余额调节表、应收账款、预付账款、其他应收款的核对、存货的清查、各项固定资产和在建工程的清查。编制财务报表中，在核实以上各项资产的过程中，如发现与账面记录不符，应先转入"待处理财产损溢"账户，待查明原因，按规定报此处理

清理债务：
企业与外单位的各种经济往来中形成的债务也要认真清理及时处理，已经到期的负债，要及时偿还，特别是不能拖欠税款；其他应付款中要注意是否有不正常的款项

复核成本：
编制财务报表前，要认真复核各项生产、销售项目的成本结转情况。核查是否有少转、多转、漏转、错转的成本，这些直接影响企业盈亏的真实

转账：
编制财务报表前，要对企业计提的固定资产折旧、坏账准备、摊销的无形资产和递延资产、待处理财产损益、应付职工薪酬等按照准则规定进行账务处理

试算平衡：
在完成以上准备工作之后，还应进行一次试算平衡，检查账务处理有无错误

结账：
将损益类账户全部转入"本年利润"账户；将"本年利润"账户形成的本年税后净利润或亏损转入"利润分配"账户。进行利润分配后，编制财务报表的年终会计决算报表

图 3-10 报表编制的流程图

（三）利润与报表业务实训规程

（1）填制如下原始凭证。

应收账款坏账处理申请书：第 41 题，共 1 张。

库存现金盘点报告单：第 53 题，共 1 张。

产品收发存计算表：第 76 题，共 1 张。

坏账准备计算表：第 82 题，共 1 张。

计提盈余公积计算表：第 86 题，共 1 张。

（2）根据利息付款通告单进行归还本金以及利息的账务处理。

（3）根据中国工商银行资金汇划（贷方）补充凭证进行账务处理。

（4）结转各产品的销售成本。

（5）将损益类账户余额结转至"本年利润"账户。

（6）将"本年利润"账户余额转入"利润分配——未分配利润"账户。

（7）编制资产负债表、利润表、现金流量表、股东权益分配表。

【实训耗材】 记账凭证12张。
【建议课时】 12课时。
【实训总结】 ①谈谈你对财务报表岗位职责的新认识。②简述利润分配和报表编制的流程。③编制资产负债表、利润表、现金流量表应注意哪些事项。

十、财务经理岗位实训

(一)财务经理岗位概述

1. 财务经理岗位职责

(1) 全面负责财务部的日常管理工作。
(2) 组织制定财务方面的管理制度及有关规定,并监督执行。
(3) 制定、维护、改进公司财务管理程序和政策,制定年度、季度财务计划。
(4) 负责编制及组织实施财务预算报告,月、季、年度财务报告。
(5) 负责公司全面的资金调配,成本核算、会计核算和分析工作。
(6) 负责资金、资产的管理工作。
(7) 监控可能会对公司造成经济损失的重大经济活动。
(8) 管理与银行及其他机构的关系。
(9) 协助财务总监开展财务部与内外的沟通与协调工作。
(10) 完成上级交给的其他日常事务性工作。

2. 财务经理工作流程

财务经理工作流程如图3-11所示。

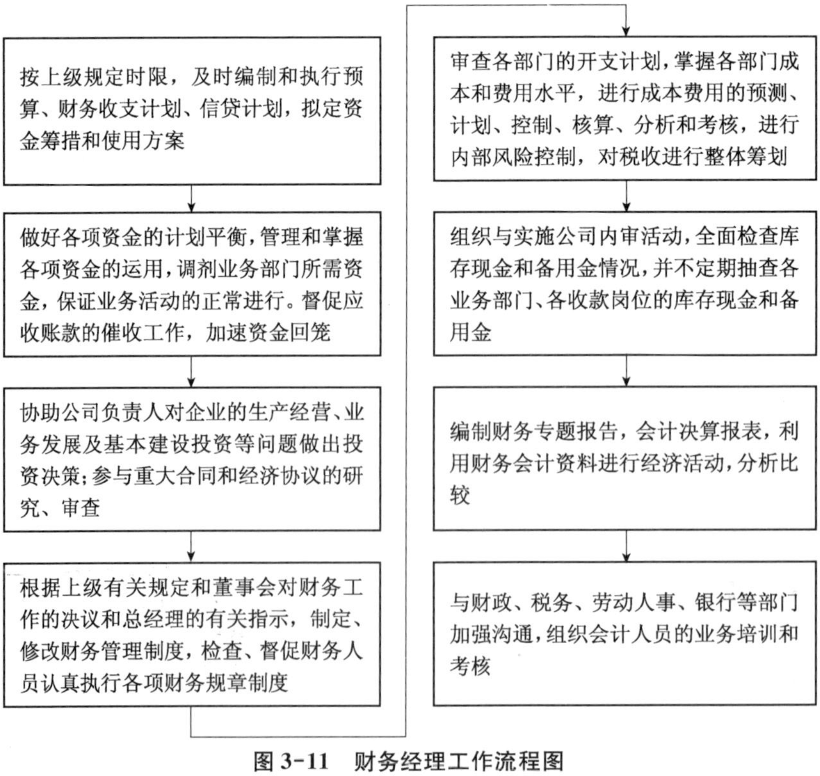

图3-11 财务经理工作流程图

（二）财务经理实训规程

（1）根据总账会计完成的报表，计算公司月初、月中、月末财务指标。

		月初	月中	月末
偿债能力	流动比率			
	速动比率			
	资产负债率			
	产权比率			
营运能力	利息保障倍数			
	总资产周转次数			
	应收账款周转次数			
	应收账款周转天数			
盈利能力	营业净利润率			
	净资产收益率			
	成本费用利润率			
	总资产报酬率			
发展能力	销售增长率			
	资产增长率			
	股权资本增长率			
	利润增长率			

（2）绘制公司月初、月末的杜邦财务体系分析图。

（3）就公司月末的财务状况进行分析评价。

第四部分　会计业务上机实验(金蝶 K/3)

一、金蝶 K/3 上机实验环境配置

(一) K/3 成长版 V12.0DVD 安装光盘说明

K/3 成长版 V12.0DVD 安装光盘一套包括：

光盘名称	说明
金蝶 K/3 成长版安装光盘	安装程序＋演示账套＋简体资源包＋用户手册
金蝶 K/3 成长版产品手册光盘	用户手册、产品安装手册、系统管理员手册

(二) 安装方式

目前 K/3V12.0 支持如下 3 种安装方式：

(1) DVD 光驱本机安装：将 DVD 光碟直接插入 DVD 光驱，按照提示安装即可。

(2) DVD 光驱共享网络安装：安装前请共享 DVD 光驱，再访问 DVD 光驱，按照提示安装即可。

(3) DVD 光盘拷贝至硬盘共享安装：先将 DVD 安装盘拷贝到硬盘，并设置共享，按照提示安装即可。

注意：为了确保 K/3 安装程序能够正常的运行，推荐运行 K/3 安装程序前，先退出正在运行的第三方软件(包括杀毒软件及相关防火墙)，然后再进行 K/3 安装操作。完成 K/3 安装操作后，再启用第三方软件。

K/3 成长版 V12.0 可以与 K/3 标准版 V12.0、K/3 精益版 V12.0 安装在同一台电脑上；但不支持不同版本的 K/3 安装同一台电脑上，如 K/3 成长版 V12.0 与 K/3V11.0 安装在一起；

(三) 数据库服务部件安装

1. 数据库服务器配置建议

组件	要求
处理器	处理器类型： 　Intel Xeon 或 AMD Opteron 或 Intel Itanium 2 处理器速度： 　最低：1.6 GHz (对于 Itanium 处理器是 1.4 GHz) 　推荐：2.4 GHz 或 更快处理器 (对于 Itanium 处理器是 1.6 GHz) 处理器核心总数： 　最低：2 核心 　推荐：4 核心 (100 并发以内 或 数据库实体 10 GB 以内) 　　　　8 核心 (100～200 并发 或 数据库实体 10～20 GB) 　　　　16 核心 (200～400 并发 或 数据库实体 20～40 GB)

第四部分　会计业务上机实验(金蝶 K/3)

(续表)

组件	要　　求
内存	物理内存： 　　最少：2 GB 　　推荐：4 GB(100 并发以内 或 数据库实体 10 GB 以内) 　　　　　8 GB(100～200 并发 或 数据库实体 10～20 GB) 　　　　　16 GB(200～400 并发 或 数据库实体 20～40 GB)
存储	存储类型： 　　SCSI 或 更快企业级存储，数据盘推荐设置为 RAID10，并至少建立两个 LUN 分别放置生产数据库与临时数据库(TempDB) 存储空间： 　　最少：10 GB 空闲空间 　　推荐：50 GB 或 更多 空闲空间
网络	网络质量： 　　速率：100 Mbps，推荐与中间层服务器以 1 000 Mbps 连接 　　延时：<20 ms(以大小 1 024 字节的测试数据包返回结果为准) 　　丢包：<0.1%(以大小 1 024 字节的测试数据包返回结果为准)
操作系统	K/3 数据库服务器支持的操作系统： Windows Server 2003 Standard/Enterprise/DataCenter SP1/SP2 ① Windows Server 2003 Standard/Enterprise/DataCenter 64 位×64 SP1/SP2 ① Windows Server 2003 Enterprise/DataCenter 64 位 IA64 SP1/SP2 ①② Windows Server 2008 Standard/Enterprise/DataCenter ③ Windows Server 2008 Standard/Enterprise/DataCenter 64 位×64 ③ Windows Server 2008 Enterprise/DataCenter 64 位 IA64 ②③ Windows 2000 Server/Advanced Server/DataCenterServer SP4 ④ Windows 2000 Advanced Server/DataCenter Server 64 位 IA64 SP4 ②④ 其他未提及的操作系统版本不提供官方支持，金蝶 K/3 数据库服务器在此类操作系统上可能可以运行但未经严格测试，也可能完全不能运行。
数据库引擎	K/3 数据库服务器支持的数据库引擎： SQL Server 2005 Standard/Enterprise SP3 SQL Server 2005 Standard/Enterprise 64 位×64 SP3 SQLServer 2005 Enterprise 64 位 IA64 SP3 ② SQL Server 2008 Standard/Enterprise SQL Server 2008 Standard/Enterprise 64 位×64 SQL Server 2008 Enterprise 64 位 IA64 ② SQL Server 2000 Standard/Enterprise SP4⑤ SQL Server 2000 Enterprise 64 位 IA64 SP4 ② 其他未提及的数据库引擎版本不提供官方支持，金蝶 K/3 数据库服务器在此类数据库引擎上可能可以运行但未经严格测试，也可能完全不能运行。 非简体中文环境下部署 K/3 数据库服务器的注意事项请见注解⑥ K/3 商业分析(BI)＋ SQL Server 2008 环境的部署注意事项见注解⑦

　　注解①——同时也支持 Windows Server 2003 R2 对应版本，Windows Server 2003 R2 是 Windows Server 2003 的功能扩展包，两者系统兼容性是一致的。

　　注解②——64 位 IA64 架构的 K/3 数据库服务器暂不支持数据库服务部件安装，因此新建、备份、恢复这三种账套操作不能在中间层进行,需通过 SQL Server 进行,但其他功能不受影响。数据库服务部件不是 K/3 的必需组件,K/3 数据库服务主要功能不依赖它工作。64 位 x64 架构的 K/3 数据库服务器无以上限制。

注解③——只支持 Windows Server 2008 完全安装,不支持服务器核心安装(Server Core Installation)。

注解④——不推荐使用 Windows 2000 系列,其 MSDTC 效能较低,会降低 K/3 整体性能。

注解⑤——不推荐使用 SQL Server 2000 标准版,只推荐企业版,因为标准版最大只能支持 2 GB 物理内存,会降低 K/3 整体性能。但 SQL Server 2005/2008 标准版并没有物理内存限制,可以推荐使用。

注解⑥——在非简体中文环境安装 SQL Server,请把排序(Collation)设为 Chinese_PRC_CI_AS,(CI 表示大小写不敏感 Case Insensitive、AS 表示重音敏感 Accent Sensitive),否则 K/3 数据库服务器不能正常工作。SQL Server 2005/2008 默认安装过程中可以设置排序,SQL Server 2000 需要选择自定义安装才能设置排序。排序在安装后不能更改,所以请在非简体中文环境安装时一定要正确设置排序。

注解⑦——如需用 K/3 商业分析(BI),且数据库引擎为 SQL Server 2008,数据库服务器需安装"SQL Server 2005 向后兼容组件"(SQL Server 2005 Backward Compatibility Components),它是 SQL Server 2008 Features Pack 的一部分,微软官方下载链接:

X86 简体中文版:http://go.microsoft.com/fwlink/? LinkId=123 702&clcid=0x804
X64 简体中文版:http://go.microsoft.com/fwlink/? LinkId=123 703&clcid=0x804
IA64 简体中文版:http://go.microsoft.com/fwlink/? LinkId=123 704&clcid=0x804

2. 安装步骤

(1)以具有本机系统管理员的身份登录,关闭其它应用程序,特别是防病毒软件。安装 MS SQLServer 2000＋sp4(备注:K/3V12.0 支持 MS SQLServer 2005,SQLServer 2008)

(2)运行安装光盘金蝶 K/3 安装光盘(DVD),选择"环境检测"。选择"数据库服务部件"。

(3)若有未安装的必需部件,程序会提示您。"环境检测"通过后,安装数据库服务部件。

(四)中间层服务部件安装

1. 中间层服务器配置建议

组件	要　　求
处理器	处理器类型: 　　Intel Xeon 或 AMD Opteron 处理器速度: 　　最低:1.6 GHz 　　推荐:2.4 GHz 或更快处理器 处理器核心总数: 　　最低:2 核心 　　推荐:4 核心(200 并发以内) 　　　　8 核心(200～400 并发) 400 并发以上请增加中间层服务器,下同
内存	物理内存: 　　最少:1 GB 　　推荐:2 GB(200 并发以内) 　　　　4 GB(200～400 并发)
存储	存储类型: 　　SCSI 或更快企业级存储,并推荐设置为 RAID1 或 RAID5 存储空间: 　　最少:10 GB 空闲空间 　　推荐:20 GB 空闲空间

(续表)

组件	要 求
网络	网络质量： 速率：100 Mbps，推荐以 1 000 Mbps 与数据库服务器连接 延时：<20 ms（以大小 1 024 字节的测试数据包返回结果为准） 丢包：<0.1%（以大小 1 024 字节的测试数据包返回结果为准）
操作系统	K/3 中间层服务器支持的操作系统： Windows Server 2003 Standard/Enterprise/DataCenter SP1/SP2① Windows Server 2003 Standard/Enterprise/DataCenter 64 位 x64 SP1/SP2 ① Windows Server 2008 Standard/Enterprise/DataCenter ② Windows Server 2008 Standard/Enterprise/DataCenter 64 位×64 ② Windows 2000 Server/Advanced Server/DataCenter Server SP4 ③ 其他未提及的操作系统版本不提供官方支持，金蝶 K/3 中间层服务器在此类操作系统上可能可以运行但未经严格测试，也可能完全不能运行。 在虚拟机系统中运行 K/3 中间层的特别说明请见注解④

注解①——同时也支持 Windows Server 2003 R2 对应版本，Windows Server 2003 R2 是 Windows Server 2003 的功能扩展包，两者系统兼容性是一致的。

注解②——只支持 Windows Server 2008 完全安装，不支持服务器核心安装（Server Core Installation）。

注解③——不推荐使用 Windows 2000 系列，其 MSDTC 效能较低，会降低 K/3 整体性能。

注解④——中间层加密服务不支持在虚拟机（VMWare、Virtual PC 等）中运行，加密服务在虚拟机中将总运行为演示版，也不支持 License 文件导入。但加密服务之外的其他中间层组件可以正常在虚拟机中运行。

2. 安装步骤

（1）以具有本机系统管理员的身份登录，关闭其它应用程序，特别是防病毒软件。

（2）（若操作系统是 Windows 2000 Server，忽略此步骤）进入"控制面板"→"添加/删除 Windows 组件"选择"应用程序服务器"。

（3）（若操作系统是 Windows 2000 Server，忽略此步骤）点击"详细资料"，选择"启用网络 COM＋访问"和"启用网络 DTC 访问"，若需要安装金蝶 K/3 WEB／人力资源部件，还需要选择"ASP. NET"和"Internet 信息服务（IIS）"。

（4）运行安装光盘金蝶 K/3 安装光盘（DVD），选择"环境检测"。

（5）若有未安装的必需部件，程序会提示您放入资源光盘进行安装。"环境检测"通过后，选择安装"中间层服务部件"，按照提示安装即可。

（6）安装完成后，会自动运行"注册中间层组件"（或手动运行"程序"→"金蝶 K3"→"金蝶 K3 服务器配置工具"→"中间层组件注册"。）。

7. 运行"程序"→"金蝶 K3"→"金蝶 K3 服务器配置工具"→"账套管理"，新建或恢复、注册账套。

注意：

若中间层服务器操作系统是 Windows Server 2003，且安装了 Windows Server 2003 SP2 补丁，需要下载并安装微软补丁，补丁号为 KB936296。

（五）客户端部件安装

1. 客户端配置建议

组件	要 求
处理器	处理器类型： Pentium 4 兼容处理器 或 速度更快的处理器 处理器速度： 　最低：单核 1.7 GHz 双核 1.0 GHz 　推荐：双核 2.0 GHz 或 更快
内存	物理内存： 　最少：512 MB 　推荐：1.0 GB 或 更大
存储	存储空间： 　最少：4 GB 空闲空间 　推荐：8 GB 空闲空间
网络	网络质量： 　速率：100 Mbps 　延时：<20 ms（以大小 1 024 字节的测试数据包返回结果为准） 　丢包：<0.1%（以大小 1 024 字节的测试数据包返回结果为准）
操作系统	K/3 客户端支持的操作系统： Windows XP Professional SP2/SP3 Windows XP Professional 64 位 x64 SP2 Windows Vista Ultimate/Enterprise/Busness SP1 Windows Vista Ultimate/Enterprise/Busness 64 位×64 SP1 Windows Server 2003 Standard/Enterprise/DataCenter SP1/SP2 ① Windows Server 2003 Standard/Enterprise/DataCenter 64 位 x64 SP1/SP2 ① Windows 2000 Professional/Server/Advanced Server/DataCenter Server SP4 ② 其他未提及的操作系统版本不提供官方支持，金蝶 K/3 客户端在此类系统上可能可以运行但未经严格测试，也可能完全不能运行。
Web 浏览器	K/3 HR/CRM/Portal 支持的 Web 浏览器版本： Microsoft Internet Explorer 6.0 SP1/SP2-32 位 ③ Microsoft Internet Explorer 7.0-32 位 ③ 仅 HR/Web 客户端需要 Web 浏览器，普通 K/3 GUI 客户端并不需要。 其他未提及的 Web 浏览器版本不提供官方支持，金蝶 K/3 HR/Web 客户端在此类 Web 浏览器上可能可以运行但未经严格测试，也可能完全不能运行。

注解①——同时也支持 Windows Server 2003 R2 对应版本，Windows Server 2003 R2 是 Windows Server 2003 的功能扩展包，两者系统兼容性是一致的。

注解②——不推荐使用 Windows 2000 系列，其 MSDTC 效能较低，会降低 K/3 整体性能。

注解③——如果采用 64 位操作系统作为 HR/Web 客户端，请使用其内置的 32 位 IE 访问 K/3 HR/Web 站点，64 位 Windows 系统都内置 32 位和 64 位两套 Internet Explorer，操作系统默认也是调用 32 位版。

2. 安装步骤

（1）以具有本机系统管理员的身份登录，关闭其它应用程序，特别是防病毒软件。

运行安装光盘"金蝶 K/3 安装光盘 1(CD)/ 金蝶 K/3 安装光盘(DVD)"，选择"环境检测"，选择检测"客户端部件"。若有未安装的必需部件，程序会提示您放入资源光盘进行安装。"环境检测"通过后，选择安装"客户端部件"，按照提示安装即可。

（2）客户端安装完毕后，运行"程序"→"金蝶 K3"→"金蝶 K3 工具"→"远程组件配置工具"，完成远程组件的注册和配置，整个客户端安装过程完成。

（六）自定义组合安装

如果所有或多个部件部署在同一台机器上，可以在安装的时候选择"自定义安装"，然后复选需要安装的部件进行安装。

（七）K/3 的自动部署

K/3 成长版 V12.0 目前尚不支持自动部署。

（八）常见问题分析与解决

（1）问题描述：账套管理登陆不进去，点击没反映。

解决方法：删除 KDCOM\AcctCtl.dat 文件就可以了。

（2）问题描述：K/3 主控台登录提示：应用服务器连接到一个错误的数据库，请与系统管理员联系。客户端，中间层，数据库，全部安装在一台机器上。操作系统为 WIN2003 STADND。

解决方法：在组件服务上。检查其 COM+组件。

（3）问题描述：CITRIX 服务器端在外网，使用的公网 IP 地址，在网吧登录服务器。

解决方法：根据提示，可以看出是代理服务器权限没有开通，需要对 IE 做如下设置。

点击：IE 浏览器—工具—internet 选项—连接—局域网设置—代理服务器—将为 LAN 使用代理服务器前的勾去掉。再重新启动 IE 登陆就可以。

（4）问题描述：操作系统为 windows 2003 Enterprise。K3 HR 为什么每次打开都要提示安装运行 K3 IECtrl.exe？

解决方法：

（1）将 K/3HR 系统的登录站点设置为可信任站点，可以用 IE 本身的信任站点设置，也可以用 K/3HR 系统提供的工具来设置：登录人力资源系统后，在最上方的状态栏的最右边有几个按钮，其中第四个是客户端 IE 自动设置工具。点击该按钮后，将弹出的工具打开或者保存在本地，打开工具后，在 K/3 人力资源系统服务器中输入要登录的人力资源系统的服务器地址。单击【确定】后，该工具会为 IE 自动设置信任站点以及其它的内容。设置成功后该地址可以正常的登录人力资源系统。

（2）下载 K3 IECtrl.exe，该组件是支持报表查询能够正常显示的控件包，如果不安装，产品中的报表无法正常查询：如果客户端是第一次通过 IE 登录人力资源系统时，系统会自动提示下载信息，此时，请选择打开来下载安装组件。如果首次登录时没有下载安装，也可以从系统中手工下载安装，手工安装的地址：登录系统—系统管理—组件—组件下载—报表客户端组件。

（3）在设置了信任站点，可正常下载安装了 K3 IECtrl.exe 组件之后，就不会出现每次登录都提示下载了。

(5) 问题描述:新事务不能登记到事务处理器。

解决方法:如上图的提示,可以看出 WINDOWS 的名字无法解析,可以使用 XHOST 工具扫描就可以解决问题了。

(6) 问题描述:卸载程序无法卸载 K/3,如何通过手动方式卸载 K/3?

解决方法:当因为一些异常情况,无法利用 K/3 的安装程序正常卸载 K/3 时,就需要手动卸载,由于 K/3 各个版本一致,所以以下以 K/3V10.3 为例,详细说明手动卸载 K/3 的步骤。

(1) 删除 K/3 的安装信息

K/3 每个版本安装后,在%systemdrive%\Program Files\InstallShield Installation Information 下边都有一个 GUID【全球统一编码,32 位】,V10.3 及以后版本,包括 V12.0 的编码均为:{9A9 695BC-76E6-46DB-8 055-40D20D5 276C0},删除%systemdrive%\Program Files\InstallShield Installation Information\{9A9 695BC-76E6-46DB-8 055-40D20D5 276C0}这个文件夹即可删除 K/3 的安装信息。

注意:完成这一步骤,通常就可以重新安装 K/3 了,然后再进行正常的卸载操作。

(2) 删除注册表信息

使用 regedit 进入注册表编辑器,找到 HKEY_LOCAL_MACHINE\SOFTWARE\Microsoft\Windows\CurrentVersion\Uninstall,然后找到{9A9 695BC-76E6-46DB-8 055-40D20D5 276C0},并删除。

找到 HKEY_LOCAL_MACHINE\SOFTWARE\KINGDEE,并删除 Kingdee 下所有键。

(3) 删除 K/3 文件夹

- 如果是中间层,删除%Windir%\system32 下所有 kd 开头的文件和文件夹,有个叫 kdcsvc.dll 的不能删除,不管他。如果需要保留已经注册账套列表,记得备份 kdcom 下的 acctctl.dat 文件。
- 删除%Windir%\system32 下所有的 VBR 文件,*.vbr。
- 删除%systemdrive%\Program Files\Common Files\Kingdee 文件夹。
- 如果是客户端,删除客户端安装路径 K/3ERP 目录。

(4) 清除注册信息

使用 K/3 安装盘中的 other 目录中的 Regclear.exe 工具,检查并清除远程注册信息。

完成上述步骤后,K/3 基本上利用手动方式完全卸载了,可以正常安装新版本了。

问题描述:用户在进行环境检测,根据提示安装精锐 IV 智能卡设备驱动后,是由于精锐 IV 智能卡设备驱动供应商未申请该系统的驱动签名,现在已知申请的驱动签名系统如下:已申请的数字签名有:Win XP 32 位、Vista 32 位 及 64 位、Win 2003 32 位;未申请的数字签名有:win 2000、Win XP 64 位、Win 2003 64 位;所以在出现相关提示后,并不影响驱动的正常运行,请点击"是(Y)"来完成安装。

(九) 帮助与支持

您可就近联系当地的金蝶营销服务机构以获取服务和技术支持。

如您需要查询金蝶营销服务机构联系方式,可登录金蝶网站 http://http://www.

kingdee.com 详细查询。

想了解您购买的金蝶软件是否是正版产品,可登录 http://www.kingdee.com/genuine/index.jsp 进行校验。

二、金蝶 K/3 上机实验

(一)建账

【目的】 掌握建账的基本程序及注意事项。

【要求】 按照下述给出的资料在 K/3 中间层建立一个账套并对其进行系统设置,启用账套。

【资料】 云南泰亚铝业有限责任公司是一家专业生产、销售铝材的公司,成立于 2008 年 5 月份,企业性质为工业企业,随着公司业务的发展,财务工作手工核算已经很难满足工作需要,现计划 2019 年 12 月开始使用"金蝶 K3"中的标准财务模块。

1. 新建公司机构及账套
公司机构代码:01
公司名称:云南泰亚铝业有限责任公司
账套号:01.01
账套名:云南泰亚铝业有限责任公司
账套类型:工业企业
数据实体:系统会自动给出,不需客户命名
数据库文件路径:默认路径

2. 设置账套参数
公司名称:云南泰亚铝业有限责任公司
记账本位币:人民币　货币代码:RMB
账套启用期间:2019 年 12 月 01 日

3. 添加用户

用户名	认证方式	用户组	权　限
你的姓名	密码认证	Administrators（系统管理员组）	不需授权
付艳	密码认证(不设密码)	财务组	授予所有权限
王华	密码认证(不设密码)	会计组	基础资料、总账
李化明	密码认证(不设密码)	出纳组	现金管理、工资等模块的查询与管理权
赵言君	密码认证(不设密码)	会计组	
向阳	密码认证(不设密码)	会计组	审核

(二)账套初始化

【目的】 掌握对账套进行初始化的步骤及各操作要点。

【要求】 根据下述给出的资料按顺序完成账套系统基础资料的维护及初始数据录入并结束初始化工作。

【资料】
1. 从模板中引入会计科目(企业会计制度科目)
2. 设置总账系统参数设置"本年利润"科目代码
3. 系统资料维护

1)增加两种币别。注意汇率小数点的切换(切换到英文标点状态)

币别代码	币别名称	记账汇率	折算方式	汇率类型
HKD	港币	1.05	原币＊汇率＝本位币	浮动汇率
USD	美元	7.2	原币＊汇率＝本位币	浮动汇率

2)增加凭证字为"记"字。
3)增加两个计量单位组及相应组里的计量单位。

计量单位组	代码	计量单位名称	系数
数量组	11	千克	1
	12	升	1
	13	条	1
	14	个	1
	15	台	1
	16	辆	1
其他组	17	套	1

4)增加支票结算方式。

代码	名称	代码	名称
01	支票	04	银行承兑汇票
02	银行汇票	05	商业承兑汇票
03	本票		

5)会计科目维护
(1)增加会计科目 库存现金、银行存款和其他货币资金的明细科目。

科目代码	科目名称	外币核算	期末调汇
1001.01	人民币	不核算	否
1001.02	港币	核算	是
1002.01	人民币	不核算	否
1002.02	港币	核算	是
1012.01	银行本票存款	不核算	否
1012.02	银行汇票存款	不核算	否
1012.02.01	成都石化分部	不核算	否

(2) 科目(适合总账单独使用时设置)。

科目代码	科目名称	期末调汇	项目辅助核算
1122	应收账款	否	客户
1123	预付账款	否	供应商
2202	应付账款	否	供应商
2203	预收账款	否	客户
1121.01	银行承兑汇票	否	客户
1121.02	商业承兑汇票	否	客户
2201.01	商业承兑汇票	否	供应商
2201.02	银行承兑汇票	否	供应商
1221	其他应收款	否	个人
1221.01	销售部张山	否	个人
1221.02	采购部王石	否	个人

(3) 存货科目。

科目代码	科目名称	数量金额核算	单位
1403	原材料	否	
1403.01	原材料及主要材料	否	
1403.01.01	铝水	是	数量组-千克
1403.01.02	外购废铝	是	数量组-千克
1403.01.03	厂内废铝	是	数量组-千克
1403.02	辅助材料	否	
1403.02.01	硅锭	是	数量组-千克
1403.02.02	镁锭	是	数量组-千克
1403.02.03	钛硼丝	是	数量组-千克
1403.03	燃料	否	
1403.03.01	燃1	是	数量组-升
1403.03.02	燃2	是	数量组-升
1405	库存商品		
1405.01	铝棒	是	数量组-千克
1405.02	铝锭	是	数量组-千克

(4)固定资产明细科目。

科目代码	科目名称	数量金额核算	单位
1601	固定资产	否	
1601.01	房屋及建筑物	否	
1601.01.01	厂房	是	数量组-千克
1601.02	生产设备	是	数量组-千克
1601.02.01	喷油螺杆空压机	是	数量组-套
1601.02.02	制氮设备	是	数量组-套
1601.02.03	氮气储气罐	是	数量组-套
1601.02.04	天然气设备	是	数量组-套
1601.02.05	多风机玻璃钢冷却塔	是	数量组-套
1601.02.06	光电直读光谱仪	是	数量组-套
1601.02.07	铸造卷扬系统	是	数量组-套
1601.02.08	同水平密排热顶铸造模具 Φ90	是	数量组-套
1601.02.09	同水平密排热顶铸造模具 Φ110	是	数量组-套
1601.02.10	同水平密排热顶铸造模具 Φ120	是	数量组-套
1601.02.11	同水平密排热顶铸造模具 Φ130	是	数量组-套
1601.02.12	同水平密排热顶铸造模具 Φ150	是	数量组-套
1601.02.13	圆铸锭切割机 XLC	是	数量组-套
1601.02.14	球磨机 MQG	是	数量组-套
1601.02.15	铝合金锭浇铸机	是	数量组-套
1601.02.16	铝熔炼保温炉 15T	是	数量组-套
1601.02.17	铝熔炼保温炉 25T	是	数量组-套
1601.02.18	直流电磁搅拌器 25T	是	数量组-套
1601.02.19	行车	是	数量组-套
1601.02.20	铝熔炼保温炉燃烧器	是	数量组-套
1601.03	管理设备	否	
1601.03.01	空调	是	数量组-台
1601.03.02	电脑	是	数量组-台
1601.03.03	打印一体机	是	数量组-台
1601.04	运输设备	否	
1601.04.01	卡车	是	数量组-辆
1601.04.02	小轿车	是	数量组-辆

(5) 长期股权投资明细科目。

科目代码	科目名称	外币核算	期末调汇
1511.02.01	犁华煤业公司	不核算	否
1511.02.02	万基矿业	核算	是

(6) 其他科目。

科目代码	科目名称	科目类别
5001.01.01	熔炉车间	成本
5001.01.02	铸棒车间	成本
5001.01.03	铸锭车间	成本
5001.01.04	机修车间	成本
5101	制造费用	成本
5101.01	铸棒车间	成本
5101.01.01	房租	成本
5101.01.02	水电费	成本
5101.01.03	折旧费	成本
5101.01.04	机物料消耗	成本
5101.01.05	福利费	成本
5101.01.06	工资	成本
5101.02	铸锭车间	成本
5101.02.01	房租	成本
5101.02.02	水电费	成本
5101.02.03	折旧费	成本
5101.02.04	机物料消耗	成本
5101.02.05	福利费	成本
5101.02.06	工资	成本
6601	销售费用	期间费用
6601.01	差旅费	期间费用
6601.02	运输费	期间费用
6601.03	业务招待费	期间费用
6601.04	折旧费	期间费用
6601.05	工资	期间费用
6601.06	房租	期间费用
6601.07	水电费	期间费用
6602	管理费用	期间费用

(续表)

科目代码	科目名称	科目类别
6602.01	房租	期间费用
6602.02	水电费	期间费用
6602.03	差旅费	期间费用
6602.04	业务招待费	期间费用
6602.05	办公费	期间费用
6602.06	工资	期间费用
6602.07	折旧费	期间费用
6602.08	其他	期间费用
6602.09	坏账损失	期间费用
6603	财务费用	期间费用
6603.01	利息	期间费用
6603.02	银行手续费	期间费用
6603.03	调汇	期间费用

6) 新增相关核算项目资料

(1) 新增"客户"资料：

代码	名称	应收科目	预收科目	应交税费
1	国有企业			
1.01	上海博兴贸易公司	1122	2203	2221.01.05
1.02	云南五化中铝有限公司	1122	2203	2221.01.05
2	私营企业			
2.01	重庆光明铝业有限公司	1122	2203	2221.01.05
2.02	广西达艺铝制品厂	1122	2203	2221.01.05
2.03	云南盛大经贸有限公司	1122	2203	2221.01.05
2.04	昆明经明有限公司	1122	2203	2221.01.05

(2) 新增"部门"资料：

代码	名称	备注
1	总经办	
2	财务部	
3	销售部	
4	采购部	
5	生产部	

(3) 新增"职员"资料：

代码	名称	备注	部门
001	刘向阳	总经理	总经办
002	付艳	财务总监	财务部
003	李化明	出纳	财务部
004	王华	会计	财务部
005	赵言君	仓管员	财务部
006	向阳	内审	财务部
007	张山	销售人员	销售部
008	王石	采购员	采购部
009	曹红	熔炉车间生产工人	生产部
010	陈俊宇	熔炉车间生产工人	生产部
011	程祎	熔炉车间生产工人	生产部
012	仇文龙	熔炉车间生产工人	生产部
013	龚莹莹	熔炉车间生产工人	生产部
014	贺思皓	熔炉车间生产工人	生产部
015	张山银	熔炉车间生产工人	生产部
016	李克英	熔炉车间生产工人	生产部
017	李佩娟	铸棒车间生产工人	生产部
018	李纬	铸棒车间生产工人	生产部
019	李江雪	铸棒车间生产工人	生产部
020	刘安娜	铸棒车间生产工人	生产部
021	唐宇	铸棒车间生产工人	生产部
022	谭华菊	铸棒车间生产工人	生产部
023	王才会	铸棒车间生产工人	生产部
024	吴优	铸棒车间生产工人	生产部
025	谢园近	铸棒车间生产工人	生产部
026	许幼旋	铸棒车间管理人员	生产部
027	严杰	铸棒车间管理人员	生产部
028	杨淑荣	铸棒车间管理人员	生产部
029	郑慧敏	铸棒车间管理人员	生产部
030	李钒圻	铸锭车间生产人员	生产部
031	宋遥	铸锭车间生产人员	生产部
032	姜娜	铸锭车间生产人员	生产部
033	杜胜兰	铸锭车间生产人员	生产部

(续表)

代码	名称	备注	部门
034	丁阳	铸锭车间生产人员	生产部
035	高静怡	铸锭车间生产人员	生产部
036	李林	铸锭车间生产人员	生产部
037	钟胤	铸锭车间生产人员	生产部
038	柳雨涵	铸锭车间生产人员	生产部
039	袁晶	铸锭车间管理人员	生产部
040	林洋	铸锭车间管理人员	生产部
041	朱兴美	铸锭车间管理人员	生产部
042	申丽江	铸锭车间管理人员	生产部
043	李蓉	机修车间生产人员	生产部
044	邓享华	机修车间生产人员	生产部
045	谭云婷	机修车间生产人员	生产部
046	谭琼	机修车间生产人员	生产部
047	赵林旭	机修车间生产人员	生产部
048	朱曼青	机修车间生产人员	生产部
049	丁琳	管理人员	行政部门
050	张莹婷	管理人员	行政部门
051	吴茜	管理人员	行政部门
052	杜松桦	管理人员	行政部门
053	曹慧	管理人员	行政部门
054	薛民	管理人员	行政部门
055	刘芳	管理人员	行政部门
056	董云涛	管理人员	行政部门
057	腾安明	管理人员	行政部门
058	曹莹	销售人员	销售部门
059	朱雄娇	销售人员	销售部门
060	胡亚楠	销售人员	销售部门
061	杨志超	销售人员	销售部门

(4) 新增"供应商"资料。

代码	名称	应交税费	应付账款	预付账款
1	深圳重金属有限公司	2221.01.01	2202	1123
2	四川汉铝有限公司	2221.01.01	2202	1123
3	曲靖铝厂	2221.01.01	2201	1123
4	上祥经贸公司	2221.01.01	2201	1123

(5) 新增"物料"资料。

代码	名称	存货科目代码	计价方法	销售收入科目	销售成本科目
1	原材料				
1.01	原材料及主要材料				
1.01.01	铝水	1403.01.01	加权平均	6051	6402
1.01.02	外购废铝	1403.01.02	加权平均	6051	6402
1.01.03	厂内废铝	1403.01.03	加权平均	6051	6402
1.02	辅助材料				
1.02.01	硅锭	1403.02.01	加权平均	6051	6402
1.02.02	镁锭	1403.02.02	加权平均	6051	6402
1.02.03	钛硼丝	1403.02.02	加权平均	6051	6402
1.03	燃料				
1.03.01	燃1	1403.03.01	加权平均	6051	6402
1.03.02	燃2	1403.03.02	加权平均	6051	6402
2	周转材料				
2.01	低值易耗品	1411.01			
2.01.01	空气开关	1411.01.01	加权平均	6051	6402
2.01.02	皮带	1411.01.02	加权平均	6051	6402
2.01.03	精炼剂	1411.01.03	加权平均	6051	6402
2.01.04	灯架	1411.01.04	加权平均	6051	6402
2.01.05	机油	1411.01.05	加权平均	6051	6402
3	库存商品				
3.01	铝棒	1405.01	加权平均	6001	6401
3.02	铝锭	1405.02	加权平均	6001	6401

操作要点：

（1）设外币核算的科目时，一定要注意选择相应币别，如果一级科目下有明细科目按外币核算的，则一级科目要设为核算所有币别。

（2）在会计科目下挂接核算项目的方式设明细账，与在科目下直接增加明细科目实现的账簿结果是一样的，而且还可解决科目设置工作重复、臃肿的麻烦，但不是必须要求这样设置，关键是要结合企业的实际情况灵活掌握。另外，科目下面如已挂核算项目，就不能再设明细科目；一个科目下可挂多个核算项目，这些核算项目间是一种平等并列的关系；核算项目下也不能再挂核算项目。

（3）设置数量金额辅助核算的物料明细科目时，注意必须先新增物料明细科目，再去系统资料维护处添加具体的"物料"资料，否则易出现错误信息。若客户已购买 K/3 购销存业务模块，则不需要在存货科目下新增明细科目，只要通过修改会计科目功能，在一级科目里利用核算项目卡片挂接物料辅助核算即可。另外，别忘了在设数量金额明细科目时选择计量单位组和缺省单位。

（4）对应收、应付等往来科目设置时应注意：未购买应收、应付子系统的客户，如要进行往来业务核销、往来对账和账龄分析等工作，必须在应收、应付科目下挂核算项目，并设置科目属性为往来业务核算；已购买应收、应付子系统的，不受此限制，但从节省工作量的角度来说，挂核算项目作明细的方法较为实用。

（5）如果已录入明细科目后在系统资料界面看不到，可在"工具"菜单下选"选项"中的显示明细科目一项即可。

（三）初始余额录入

初始余额如表 4-1 所示。

表 4-1

初始余额表

科目编码	总账科目	二级明细科目	三级明细科目	单位	数量	单价	金额	明细账页格式
1001	库存现金						7 806.96	三栏式
1002	银行存款						12 469 354.31	三栏式
1012	其他货币资金						3 500.00	
		银行本票存款						三栏式
		银行汇票存款	上海石化分公司				3 500.00	三栏式
1101	交易性金融资产						225 400.00	
		股票投资					225 400.00	三栏式
1121	应收票据						2 838 924.00	三栏式
		银行承兑汇票	云南五化中铝有限公司				1 378 854.00	三栏式

(续表)

科目编码	总账科目	二级明细科目	三级明细科目	单位	数量	单价	金额	明细账页格式
			商业承兑汇票	昆明经明有限公司			1 460 070.00	三栏式
								三栏式
1122	应收账款						1 207 650.00	三栏式
			上海博兴贸易公司				685 000.00	三栏式
			重庆光明铝业有限公司				68 000.00	三栏式
			广西达艺铝制品厂				422 000.00	三栏式
			云南盛大经贸有限公司				32 650.00	三栏式
								三栏式
1221	其他应收款						8 500.00	三栏式
			销售部张山				5 000.00	三栏式
			采购部王石				3 500.00	三栏式
1231	坏账准备						(5 249.32)	二栏式
1403	原材料						1 252 774.00	三栏式
		原料及主要材料					1 077 409.00	三栏式
			铝水	千克	60 506	12.5	756 325.00	数量金额
			外购废铝	千克	26 008	10.5	273 084.00	数量金额
			厂内废铝	千克	4 000	12	48 000.00	数量金额
		辅助材料					107 463.00	三栏式
			硅锭	千克	4 200	15	63 000.00	数量金额
			镁锭	千克	1 800	16	28 800.00	数量金额
			钛硼丝	千克	681	23	15 663.00	数量金额
		燃料					67 902.00	三栏式
			燃1	升	5 012	7.5	37 590.00	数量金额
			燃2	升	3 789	8	30 312.00	数量金额
							0.00	数量金额

(续表)

科目编码	总账科目	二级明细科目	三级明细科目	单位	数量	单价	金额	明细账页格式
1411	周转材料						4 836.40	三栏式
		低值易耗品	空气开关	个	10	126	1 260.00	数量金额
		低值易耗品	皮带	条	20	9.1	182.00	数量金额
		低值易耗品	精炼剂	千克	100	3.2	320.00	数量金额
		低值易耗品	灯架	个	21	3	63.00	数量金额
		低值易耗品	机油	升	478	6.3	3 011.40	数量金额
1404	材料成本差异						(2 898.00)	三栏式
		原材料成本差异					(4 466.00)	三栏式
		周转材料成本差异					1 568.00	三栏式
1405	库存商品						1 467 620.00	三栏式
		铝棒		千克	68 900	13.8	950 820.00	数量金额
		铝锭		千克	38 000	13.6	516 800.00	数量金额
1511	长期股权投资						725 000.00	三栏式
		其他投资	犁华煤业公司				500 000.00	
		其他投资	万基矿业				225 000.00	
1601	固定资产						24 536 480.00	三栏式
		房屋及建筑物	厂房				6 800 000.00	三栏式
								三栏式
		生产设备					15 029 500.00	
			喷油螺杆空压机	套	1		143 000.00	数量金额
			制氮设备	套	1		177 000.00	数量金额
			氮气储气罐	套	1		118 000.00	数量金额
			天然气设备	套	1		175 000.00	数量金额
			多风机玻璃钢冷却塔	套	2		187 500.00	数量金额
			光电直读光谱仪	套	1		1 265 000.00	数量金额

(续表)

科目编码	总账科目	二级明细科目	三级明细科目	单位	数量	单价	金额	明细账页格式
			铸造卷扬系统	套	2		3 135 000.00	数量金额
			同水平密排热顶铸造模具 Φ90	套	2		1 130 000.00	数量金额
			同水平密排热顶铸造模具 Φ110	套	1		1 120 000.00	数量金额
			同水平密排热顶铸造模具 Φ120	套	2		1 110 000.00	数量金额
			同水平密排热顶铸造模具 Φ130	套	2		1 110 000.00	数量金额
			同水平密排热顶铸造模具 Φ150	套	1		1 110 000.00	数量金额
			圆铸锭切割机 XLC	套	1		135 000.00	数量金额
			球磨机 MQG	套	1		164 000.00	数量金额
			铝合金锭浇铸机	套	1		1 150 000.00	数量金额
			铝熔炼保温炉 15T	套	2		1 290 000.00	数量金额
			铝熔炼保温炉 25T	套	2		530 000.00	数量金额
			直流电磁搅拌器 25T	套	2		305 000.00	数量金额
			行车	套	2		650 000.00	
			铝熔炼保温炉燃烧器	套	8		25 000.00	数量金额
		管理设备					162 480.00	三栏式
			空调	台	5		14 000.00	数量金额
			电脑	台	10		120 800.00	数量金额
			打印一体机	台	5		27 680.00	数量金额
		运输设备					2 544 500.00	三栏式

(续表)

科目编码	总账科目	二级明细科目	三级明细科目	单位	数量	单价	金额	明细账页格式
			卡车	辆	3		1 216 500.00	数量金额
			小轿车	辆	4		1 328 000.00	数量金额
1602	累计折旧						(2 364 781.00)	三栏式
1604	在建工程	回水池					459 000.00	三栏式
1701	无形资产	专有技术					12 000.00	三栏式
5001	生产成本						862 500.00	三栏式
		基本生产成本	熔炉车间					多栏式
		基本生产成本	铸棒车间（直接材料）	千克	23 000	12.3	282 900.00	多栏式
		基本生产成本	铸锭车间（直接材料）	千克	46 000	12.6	579 600.00	多栏式
		辅助生产成本	机修车间					多栏式
5101	制造费用	铸棒车间						多栏式
		铸锭车间						多栏式
	资产合计						43 708 417.35	
2001	短期借款	昆明市交通银行					1 000 000.00	三栏式
2201	应付票据						1 586 710.00	三栏式
		商业承兑汇票	曲靖铝厂				600 000.00	三栏式
		银行承兑汇票	上祥经贸公司				986 710.00	三栏式
2202	应付账款						127 709.00	三栏式
		深圳重金属有限公司					369 000.00	三栏式
		四川汉铝有限公司					1 358 709.00	三栏式
2211	应付职工薪酬						672 985.00	三栏式
		工资						三栏式
		职工福利						三栏式
		工会经费					12 820.90	三栏式
		职工教育经费					13 179.10	三栏式
		社会保险费					400 000.00	三栏式
			养老保险				235 860.00	三栏式
			医疗保险				124 604.00	三栏式

(续表)

科目编码	总账科目	二级明细科目	三级明细科目	单位	数量	单价	金额	明细账页格式
			失业保险				39 536.00	三栏式
		住房公积金					246 985.00	三栏式
2221	应交税费						645 173.10	三栏式
		应交企业所得税						三栏式
		应交个人所得税						三栏式
		应交城市维护建设税					41 056.47	三栏式
		应交教育费附加					17 595.63	三栏式
		应交增值税						增值税账页
		未交增值税					586 521.00	三栏式
2232	应付利息						16 000.00	
								三栏式
2501	长期借款	交通银行					5 450 000.00	三栏式
4001	实收资本						27 000 000.00	三栏式
4002	资本公积						532 049.00	三栏式
4101	盈余公积						1 654 252.00	三栏式
		法定盈余公积					1 487 604.00	三栏式
		任意盈余公积					166 648.00	三栏式
4104	利润分配						435 843.00	三栏式
		未分配利润					435 843.00	三栏式
4103	本年利润						2 987 696.25	三栏式
	权益合计						43 708 417.35	三栏式

注意:如果已购买应收、应付管理系统的则应收、应付款项初始数据可在应收、应付管理系统里录入后再传递到总账系统,而不需要在总账系统里录入。

操作要点:

(1) 如果需要录入外币科目金额时,要注意切换相应币别;

(2) 录入下设核算项目的科目的金额时,要点击核算项目栏的"√"进入特定界面输入。

(3) 录入数量金额辅助核算的科目金额时,点击该科目将会弹出数量栏,在那儿录入数量。

(4) 试算平衡时要注意,如企业有外币业务,则必须切换成综合本位币去试算。综合本位币状态下,只能查看所有币别科目的初始数据,不能进行录入、修改等操作。

(5) 切换币别为综合本位币,进行试算平衡检查。

(6) 试算平衡结束初始化工作。

(四) 日常账务处理

【目的】 掌握 K/3 财务系统日常账务处理工作

【要求】 (1) 根据下述资料录入记账凭证,对其进行审核、过账并查看各种账表;

(2) 进行往来业务核销;

(3) 利用自动转账功能结转有关费用;

(4) 进行期末调汇、结转损益等业务处理并进行期末结账。

【资料】

(1) 1日,厂部购买办公用品860元,以现金支付。

(2) 1日,销售员沈虹预借差旅费5 000元,出纳以现金付讫。

(3) 1日,企业从武汉市物资公司采购铝水1 160 000千克,单价12元;购入硅锭410 000千克,单价13.5元,均取得增值税专用发票,并支付铁路运费15 000元,款项未付。

(4) 2日,昆明五金有限公司寄来购买皮带20条,货款200元,增值税26元,价税合计226元,开出一张转账支票支付,当天验收入库。

要求:签发转账支票,填制收料单。

(5) 2日,签发现金支票一张,计提现金8 000元备用。

要求:签发现金支票。

(6) 2日,向银行申请银行汇票一张,票面金额4 348 890元,收款人为深圳重金属有限公司(开户行:中行深圳支行,账号:56732117),交采购部王石采购材料。

要求:填制银行汇票委托书。

(7) 2日,从交行电汇前欠深圳重金属有限公司货款369 000元,交行收取手续费15元。

要求:填制电汇凭证。

(8) 3日,将12月1日购入的铝水和硅锭材料验收入库。

要求:填制收料单。

(9) 3日,采购部王石出差归来,报销差旅费3 450元,以现金退回余款50元,同时核销前期差旅费借款3 500元。

要求:开具收据。

(10) 3日,企业购入四川汉铝有限公司铝水2 315 000千克,单价11.9元,运费12 000元,均取得增值税专用发票,货款以银行承兑汇票支付。

要求:填制汇票申请书。

(11) 3日,购买的铝水验收入库时发现短缺110千克。经查属自然损耗的有50千克,另外的60千克属运输单位运输途中丢失。

要求:填制收料单。

(12) 3日,向交行购买现金支票一本20元、转账支票一本25元,共计45元。

(13) 4日,支付向阳修理厂小轿车修理费,价税合计3 390元,用转账支票支付。

要求:签发转账支票。

(14) 4日,收到银行电汇通知,收到上海博兴贸易公司前欠货款685 000元。

(15) 4日,签发转账支票一张,金额为2 034.00元,购入职工食堂用餐具,增值税专用发票列明价款1 800.00元和税额234元。

要求:签发转账支票。

(16) 4日,采购部王石申请预付昆明汉铝有限公司材料款30 000.00元。

要求:签发转账支票。

(17) 5日,接银行委托收款付款通知,支付上月电话费2 245元。

(18) 5日,公司将未到期的昆明经明有限公司商业承兑汇票500 000元到银行办理贴现,贴现率为4‰,已办妥有关贴现手续,款已存入银行。

(19) 12月8日,公司6月8日签发给曲靖铝厂的付款期为6个月商业承兑汇票到期,收到交行转来的委托收款付款凭证付款通知,如数支付票款600 000元。

(20) 8日,销售给重庆光明铝业有限公司(纳税识别号:50010091308973530Y)铝锭1 520 000千克,单价14.8元/千克,增值税率为13%,收到商业承兑汇票一张,期限3个月。其余暂欠。

要求:填制产成品出库单。

(21) 10日,从深圳重金属有限公司购入镁锭254 500千克,单价14元,钛硼丝7 000千克,单价22元/千克,取得增值税专用发票,货款未付,材料已验收入库。

要求:填制收料单。

(22) 10日,云南五化中铝有限公司的银行承兑汇票350 000元到期,向银行办妥收款手续。

(23) 11日,收到银行通知,上月托收的广西达艺铝制品厂货款422 000元已收妥入账。

(24) 12日,缴纳上月增值税586 521元,城市维护建设税41 056.47元,教育费附加17 595.63元。

要求:填制增值税纳税申报表及昆明市地方税务局综合申报表(由于上月的资料不全,可在本月末进行填制练习)。

(25) 12日,缴纳上月工会经费12 820.90元,养老保险235 860元,医疗保险124 604元,失业保险39 536元,住房公积金246 985元。

(26) 14日,签发转账支票一张,购买本月印花税2 150元。

要求:签发转账支票。

(27) 14日,向上海博兴贸易公司(纳税人识别号:3101051781018020833,长宁区明昆路支行,账号:10875246)销售铝棒120 000千克,货已发出,单价14.95元/千克,售价1 794 000元,增值税233 220元,代垫运杂费(运输公司为三元运输公司)10 000元,连同运杂费一并办妥托收承付结算手续。

要求:填制增值税专用发票,托收承付凭证,填制产成品出库单,签发转账支票。

(28) 14日,本市云南五化中铝有限公司购买铝锭920 000千克,单价14.8元/千克,增值税率13%,收到对方交来银行承兑汇票,2015年2月14日到期。

要求:填制增值税专用发票记账联,填制产成品出库单。

(29) 15日,根据"工资结算汇总表",发放职工工资 525 638 元。委托银行代发工资,并支付手续费 500 元。签发转账支票一张。

要求:签发转账支票。

(30) 15日,根据"工资结算汇总表"结转本月代扣款项共 131 620 元,其中:养老保险 52 576 元,失业保险 1 970 元,医疗保险 13 144 元,住房公积金 55 867 元,个人所得税 8 063 元。

(31) 15日,根据"各项基金计算表",计提各项基金:

计提企业负担的养老保险 105 161 元

计提企业负担的基本医疗保险金 65 725.8 元

计提企业负担的失业保险金 4 599 元

计提企业负担的住房公积金 55 867 元

(32) 16日,缴付职工住房公积金 111 734 元。

收款人为:云南泰亚铝业有限责任公司公积金专户。

(33) 16日,收到中国交通银行转来昆明市五华区社会保险基金管理的社会保险和医疗保险的托收凭证,款项已划转,明细情况如表 4-3 所示。

表 4-3

资料表

项目	单位交付金额	个人交付金额	合计
养老保险			
失业保险金			
医疗保险金			
合计			

(34) 16日,售给重庆光明铝业有限公司铝锭 1 330 000 千克,单价 14.8 元/千克,售价 19 684 000 元,增值税 2 558 920 元,价税合计 22 242 920 元,运杂费 2 800(本公司车辆运输)元,收到银行汇票,已办妥收款手续。

要求:增值税专用发票记账联,进账单,填制产成品出库单。

(35) 16日,向昆明汉铝有限公司购买铝水 1 200 000 千克的有关凭证已到,单价 10 元/千克,货款 12 000 000 元,增值税 1 560 000 元,价税合计 13 560 000 元,运杂费等 28 000 元,余款用转账支票支付。

要求:签发转账支票,填制收料单。

(36) 18日,收到银行通知,上月采购汽油的银行汇票结算多余款 3 500 元,已划回收账。

(37) 18日,销售部张山出差回来报销差旅费 7 900 元,以现金支付多余款项 2 900 元,同时核销原出差借款 5 000 元。

(38) 18日,采购员王石申请商业承兑汇票一张,金额 10 983 600 元,期限 2 个月,向曲靖铝厂购买铝水 810 000 千克,单价 12 元/千克,增值税专用发票列明价款 9 720 000

元,税额1 263 600元,货已验收入库。

要求:填制交通银行汇票申请书,收料单。

(39) 20日,接银行转来入账通知,12月14日,向上海博兴贸易公司托收的货款,已收到入账。

(40) 21日,上月向重庆光明铝业有限公司托收运杂费,对方提出全部拒付运杂费10 000元。合同规定运杂费由卖方承担。

(41) 22日,云南盛大经贸有限公司应收账款32 650元,已逾期3年,因该厂经营不善,濒于倒闭,所欠账款已无法收回,经核准作为坏账处理。

(42) 22日,行政部门本月购买办公用品6 350.00元,其中熔炉车间、铸棒车间、铸锭车间、机修车间、行政管理部门应分别负担1 100.00元、900.00元、1 600.00元、950.00元、1 800.00元。出纳以支票付讫。

(43) 22日,收到交通银行的付款通知,9月22日借入的短期借款1 000 000元已经到期,年利率9.6%。从工行基本存款账户转入工商银行一般存款账户1 024 000,归还借款本金和利息。(期初应付利息16 000元)

(44) 22日,签发转账支票一张,支付广告费86 000元,收到广告公司开出的发票。

要求:签发转账支票。

(45) 23日,销售给云南玉溪铝业有限公司铝棒15 000千克,每千克14.95元,开出增值税专用发票,价款224 250元,税款29 152.5。收到对方开具的转账支票。

要求:增值税专用记账联,进账单,填制产成品出库单。

(46) 25日,接银行通知,收到四季度银行存款利息。

(47) 25日,售给上海博兴贸易公司铝棒240 000千克,单价14.95元/千克,开具增值税发票,货款3 588 000元,增值税466 440元,价税合计4 054 440元,代垫运费10 800元,向银行办妥托收手续。

要求:增值税专用发票记账联,托收凭证(受理回单),填制转账支票、产成品出库单。

(48) 26日,将持有的云南五化中铝有限公司银行承兑汇票1 000 000元背书转让,用以支付购买四川汉铝有限公司铝水货款,不足部分以转账支票支付358 709元。

要求:签发转账支票。

(49) 29日,上海博兴贸易公司反馈25日销售的铝棒出现质量问题,经双方协商,同意折让5%销售,开具红字发票。

要求:增值税专用发票记账联。

(50) 29日,将已批准也报废的小轿车(原值:332 000元,已提折旧:213 600元)送往废旧物资回收公司,收到该公司开具的收购凭证和支票各一张,收购金额7 800元,企业将支票送存银行。同时支付杂费150元以现金付讫。

要求:填制进账单;开具收据。

(51) 30日,收到"固定资产验收单",回水池工程现已竣工并已投入使用。

(52) 30日,已以2014年5月注销的云南高星公司账款55 000元,经努力收回其中的50 000元,已电汇至公司账上。

(53) 30日,对企业库存现金进行盘点,盘盈现金60元。

(54) 30日,开出50 000元的转账支票一张,通过希望工程基金会捐赠绿劝山区小学。

要求:签发转账支票。

(55) 30日,经双方协议,云南泰亚铝业有限责任公司同意重庆光明铝业有限公司以其网络服务器(固定资产)抵偿债务,这台服务器的历史成本50 000元,累计折旧18 500元,评估确认的原价为40 000元,评估确认的净价为30 000元。

(56) 30日,元旦发给职工的礼物,取得增值税发票列明价款5 000元,税额850元以支票支付款项。

要求:签发转账支票。

(57) 30日,向昆明园西电子购物中心购入办公用计算机1台,价款12 000元,增值税1 560元,共计13 560元,已交付使用,款项电汇至对方账户。

要求:填制电汇凭证(汇款信息见增值税发票)。

(58) 30日,销售云南五华中铝有限公司铝棒605 000千克,不含税单价14.95元/千克,铝锭1 130 000千克,不含税单价14.8元/千克,收到对方签发并承兑的银行本票一张,款项已收妥。

要求:开具增值税专用发票;填制产成品出库单;填制进账单。

(59) 30日,根据设备管理科提供的"固定资产折旧汇总表"计提本月折旧271 233元:熔炉车间:33 432元,机修车间845元,铸棒车间71 636元,行政管理部门42 983元,铸锭车间122 337元。

(60) 30日,洛程物流运输部门结算本月发生的销货运费,共计305 000元,增值税率为9%,用转账支票结算。

要求:签发转账支票。

(61) 30日,摊销专利技术的价值2 400元。

(62) 31日,根据"工资结算汇总表"进行应付工资的分配,并按工资总额计提三项经费。同时根据工时资料在有关产品之间进行工资及福利费的分配。

(63) 31日,收到中国交通银行转来自来水公司的托收凭证,付讫款项共计10 436.4元,增值税专用发票列明水费9 574.68元,增值税861.72元。本公司在支付水费当即按下列固定比例进行分配:熔炉车间6%,铸棒车间38%,铸锭车间46%,机修车间4%,行政管理部门6%。

(64) 31日,收到中国交通银行转来电业公司托收凭证,付讫款项共计,152 878.05元,增值税专用发票列明电费130 665元,增值税16 986.45元。本公司在支付电费时,当即按下列固定比例进行分配:

熔炉车间:21%,铸棒车间22%,铸锭车间48%,机修车间5%,行政管理部门4%。

(65) 31日,企业支付各部门发生的一般性修理费用26 845.00元,其中熔炉车间:2 486.00元,铸棒车间:8 263元,铸铝车间7 544.00元,机修车间:1 962元,行政管理部门6 590.00元,款项也用转账支票支付并取得了增值税的普通发票。

要求:签发转账支票。

要求:编制完成熔炉车间产品成本计算表。

(66) 31日,根据"物资采购明细单"和"材料成本差异明细账"提供的有关资料,计算原材料成本差异率和周转材料差异率(精确到0.000 001),根据本月领料单、退料单汇总本月原材料耗用情况并结转差异。

要求：编制材料成本差异率计算表；编制原材料耗用汇总表。

(67) 31 日,根据本月领料单汇总本月低值易耗品用情况并结转差异。

要求：编制周转材料耗用汇总表。

(68) 31 日,收到现金盘盈盘亏处理通知单,据查无法查明原因,对盘盈的现金进行处理。经领导批准,计入营业外收入。

(69) 31 日,按修理工时分配结转本月机修车间发生的生产费用,其中：熔炉车间 500 工时,铸棒车间 1 500 工时,铸锭车间 800 工时,行政管理部门 400 工时。

(70) 结转各车间的制造费用。

要求：编制制造费用结转表。

(71) 31 日,计算本月熔炉车间产品的成本。并分配本月熔炉车间的成本,按铝锭和铝棒产量分配(实际产量：铝锭 4 865 000 千克,铝棒 1 250 150 千克)。

要求：编制完成熔炉车间产品成本计算表,编制熔炉车间产品成本分配表。

(72) 31 日,计算并结转本月铸棒车间完工产品的成本。

要求：编制完成铸棒车间产品成本计算表。

(73) 31 日,计算并结转本月铸锭车间完工产品的成本。

要求：编制完成铸锭车间产品成本计算表。

(74) 31 日,结转本月完工产品的成本。实际产量：铝锭 4 865 000 千克,铝棒 1 250 150 千克。

要求：编制产品成本汇总表；填制产品入库单。

(75) 31 日,采用全月一次加权平均法,结转各产品销售成本。

要求：填制产品收发存月报表。

(76) 31 日,结转本月未交增值税。

(77) 31 日,计提应交的城建税和教育费附加。

(78) 31 日,因技术发展日新月异,公司原有的专利技术已贬值,计提无形资产减值准备 3 000 元。

(79) 31 日,收到投资公司送来本年利润表,有关资料如表 4-3 所示。

表 4-3

资料表

接受投资单位名称	本单位出资比例	本年净利润(元)
犁华煤业公司	35%	423 480.00
万基矿业	10%	−15 800.00

(80) 31 日,企业曾于 10 月 30 日持一张上海华林贸易公司(付款人)签发的面值 100 000 元的商业承兑汇票向银行贴现(出票日为 9 月 30 日,到期日是 12 月 31 日,年息为 12%),贴现净额 10 570 元。12 月 31 日该汇票到期,因承兑人银行账户资金不足支付,银行退回应收票据,并送来支款通知；银行向企业追索已贴现商业承兑汇票本息 103 000 元(票面金额 100 000 元,利息 3 000 元),全部款项已从企业存款账户中划转。

(81) 31 日,按年末应收账款和其他应收款余额的 5‰ 调整坏账准备。

(82) 31 日,对本月利润总额进行纳税调整,并按 25% 的税率计算、结转应交所得税。该公司 2014 年 1～11 月份累计广告费 1 602 380 元,1～11 月累计工资总额为 7 253 923 元,1～11 月份无其他应纳税调整事项。

(83) 31 日,将损益类账户余额结转至"本年利润"账户。

(84) 31 日,将"本年利润"账户余额转入"利润分配——未分配利润"账户。

(85) 31 日,分别按全年税后利润的 10% 计提本年盈余公积,5% 提取公益金,并根据董事会决议按出资比例向投资者分配股利 756 000 元,尚未发放。

(86) 31 日,将"利润分配"账户其余各明细账户的余额,转入"利润分配——未分配利润"账户。

【录入记账凭证时应注意事项】

(1) 凭证号、序号由系统自动编排,用户不需自己编号。

(2) 录入凭证日期时点击"日期"旁的按钮,弹出日历后选择即可,也可自己手工自行输入。但应注意,系统不接受当前会计期间之前的日期,只允许输入当期或以后各期业务,而且过账时,只处理本期的记账凭证。

(3) 凭证摘要的录入的方法有以下几种:

- 直接录入;
- 如选择了"查看"菜单"选项"中的自动携带上条分录摘要信息,则系统会自动复制上条记录摘要到下条;
- 或者在英文标点状态下,双击键盘右边"DEL"的按键,也可以快速复制上条分录摘要;
- 按 F7 键或工具栏上的"代码"按钮建立摘要库,需要时调用。

建立摘要库的步骤为:点击记账凭证中的摘要栏,按下 F7 键或工具栏"代码"按钮→编辑→新增→录入类别、代码、名称(注意:如没有"类别",需点击类别旁的按钮去增加)→保存。如再增加摘要,则重复此操作。

(4) 输入会计科目的方法有以下几种:

- 直接手工录入会计科目代码;
- 定义了助记码的可输入助记码;
- 如在"查看"菜单选项中选择"自动显示代码提示窗口"的,可双击代码提示窗的科目即可;
- 按 F7 建或工具栏中的"代码"按钮也可以调出会计科目模板来选。

(5) 按空格键可转换金额的借贷方向;负号可使金额变为红字;CTRL+F7 键可将凭证中借贷方差额自动找平;ESC 键可删除分录整笔金额。

(6) 如果会计科目设了按核算项目核算的,需将所有核算项目内容填列完毕后,系统才允许保存凭证。

【凭证其他相关操作及账簿查询】

(1) 将前面所做的所有记账凭证审核、过账。

(2) 假设当月 5 日的提现记账凭证金额出错,正确应为 1 000 元,请用红字冲销法更正。

(3) 制作一张提现的模式凭证。
(4) 查看各种总分类账、明细账等。
(5) 查看管理费用多栏式明细账。
(6) 查看科目余额表、试算平衡表等。
(7) 查看"管理费用——通讯费"及"产品销售收入"的核算项目组合表。

第五部分　实训原始单据

1-1

费　用　报　销　单

单位：云南泰亚铝业有限责任公司　　2019 年12月01日　　　　　　编号：

摘　要	金　额								备　注
	拾万	千	百	十	元	角	分	
办公用品			8	6	0	0	0	
合计金额（小写）			¥	8	6	0	0	0	现金付讫
合计金额（大写）人民币：捌佰陆拾元整									附件：壹张

批准人：刘向阳　　　财务主管：付艳　　　出纳：李化明　　　经办人：王石

1-2

国家税务局通用机打发票

发票联

机打代码 15300145182　　　　　　　　发票代码 15300145182
机打号码 12345678　　　　　　　　　　发票号码 12345678
开票日期：2019.12.1　　　行业分类：

付款单位名称：云南泰亚铝业有限责任公司　　付款单位识别号：

货物及劳务名称	规格	单位	单价	数量	金额
办公用品		件	43	20	860.00

合计人民币（大写）：捌佰陆拾元整　　　　合计：¥860.00

收款单位名称（盖章）：　　　　收款单位开户银行及账号：
收款单位识别号：　　　开票人：王清瑶　　　备注：

（发票专用章）

借 款 单

2019年12月1日

借款单位：销售部门	借款人：沈虹
借款原因：出差借款	
借款金额：人民币（大写）伍仟元整	小写：￥5 000.00
付款方式：现金 ✓　　　支票（号）　　　电汇　　　其他	
单位负责人意见：刘向阳	借款人领款签字：沈 虹
财务主管核批：付 艳	出纳：李化明

（现金付讫）

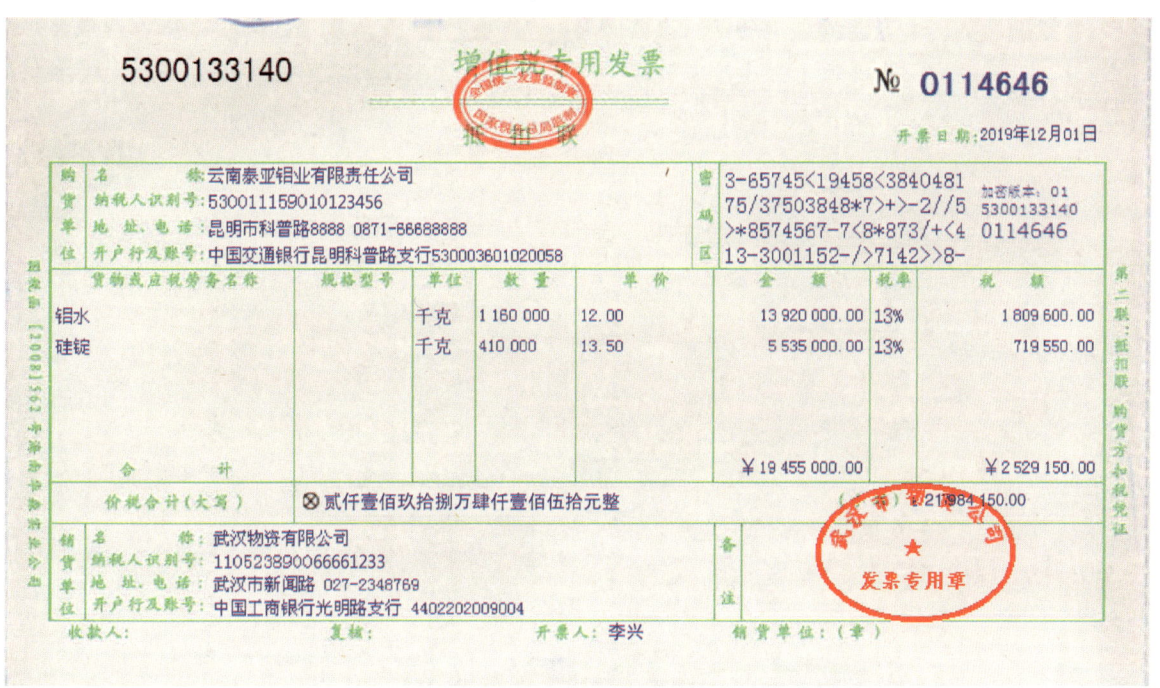

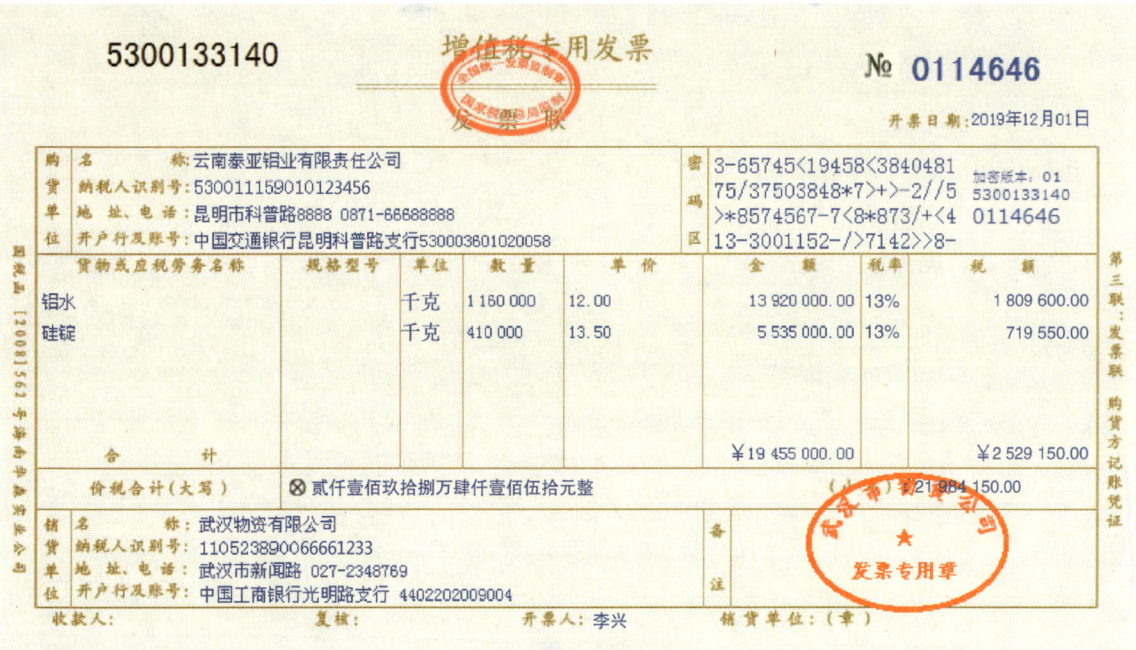

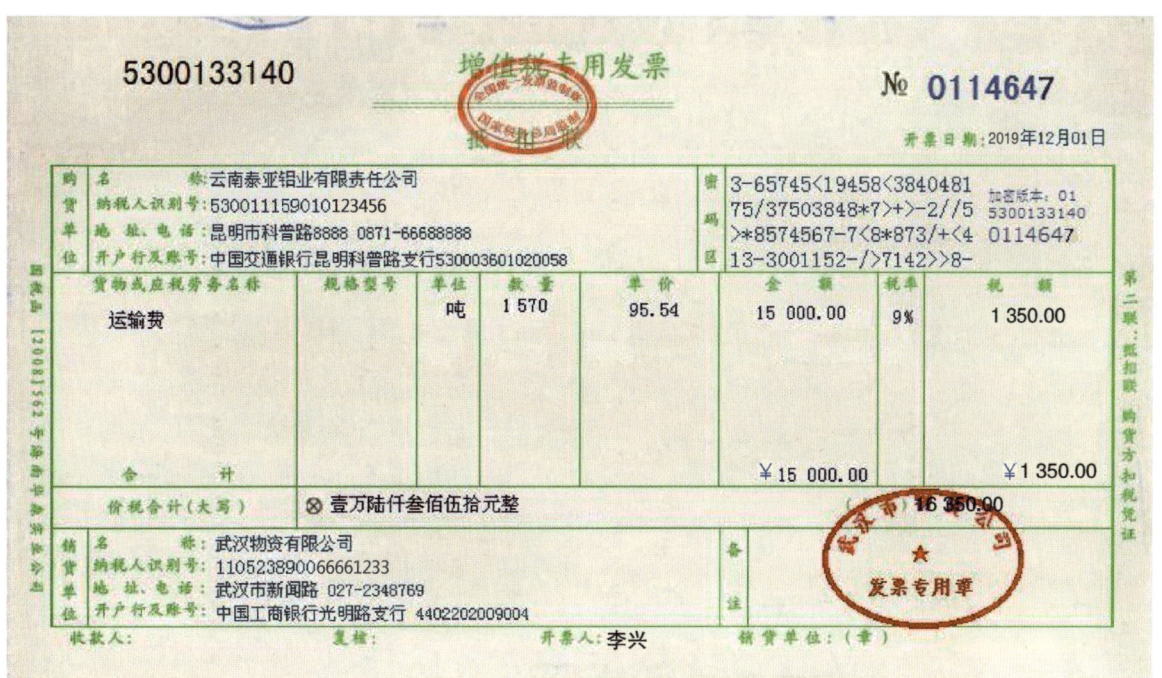

3-4

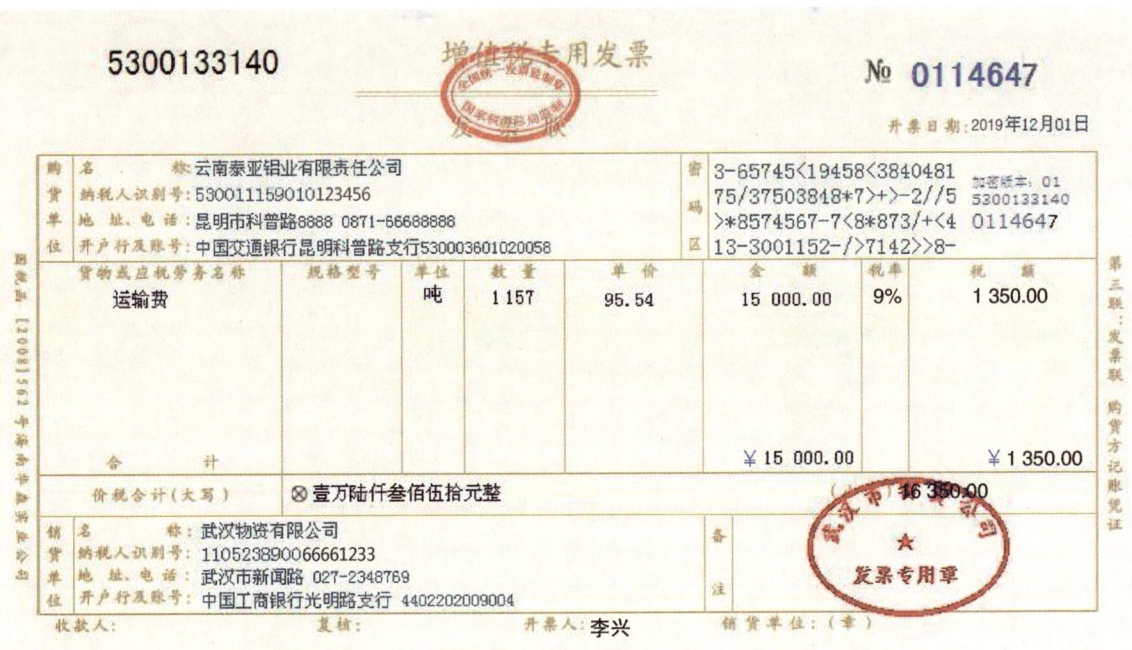

4-1

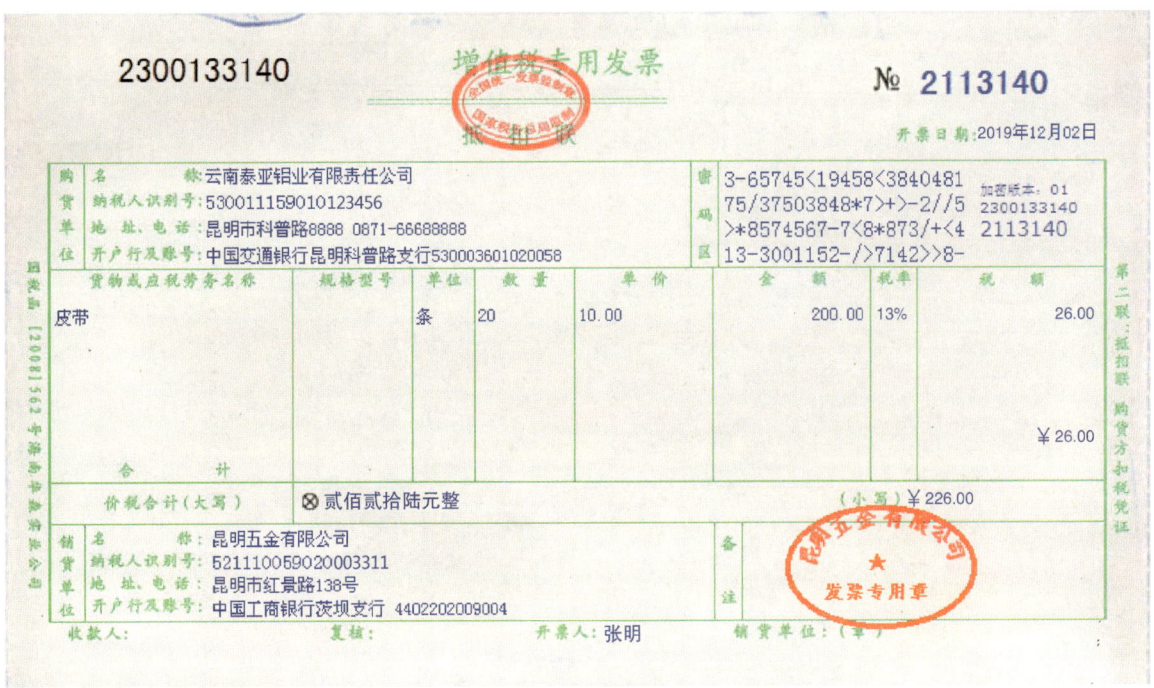

4-2

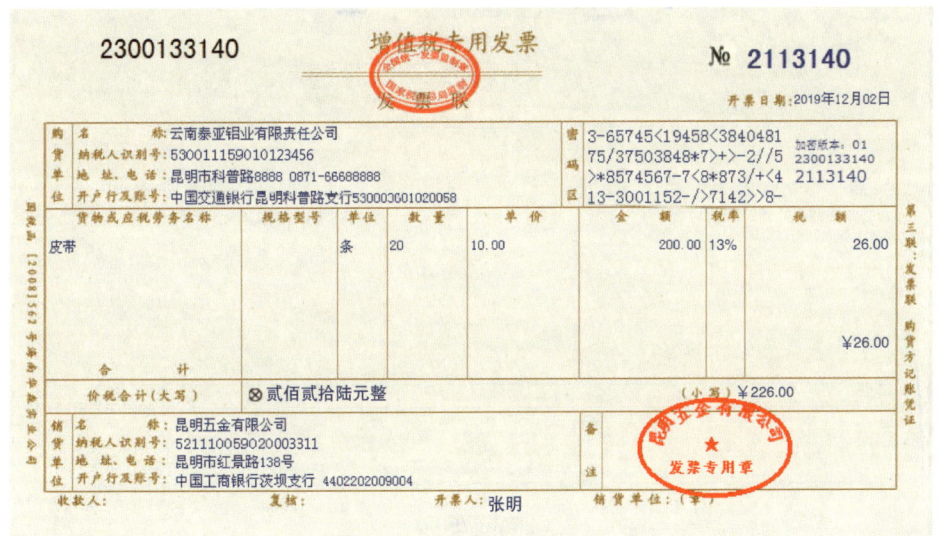

4-3

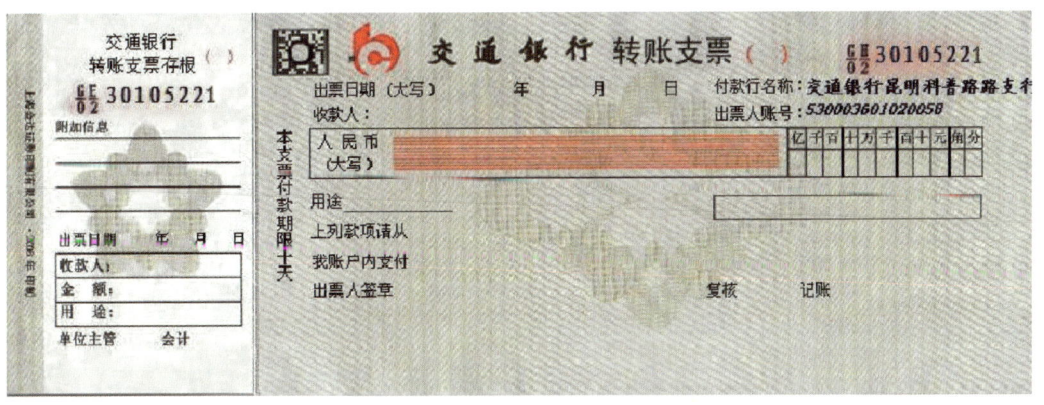

4-4

收料单

供货单位　　　　　　　　　　　　　年　月　日　　　　　　　　　　　　第　号

材料类别	名称及规格	计量单位	数量		实际成本		计划成本	
			应收	实收	单价	金额	单价	金额

质量检验：　　　　　　　　　　采购经手人：　　　　　　　　　　仓库经手人：

附加信息：	被背书人	（贴粘单处）
	背书人签章 年　月　日	

5

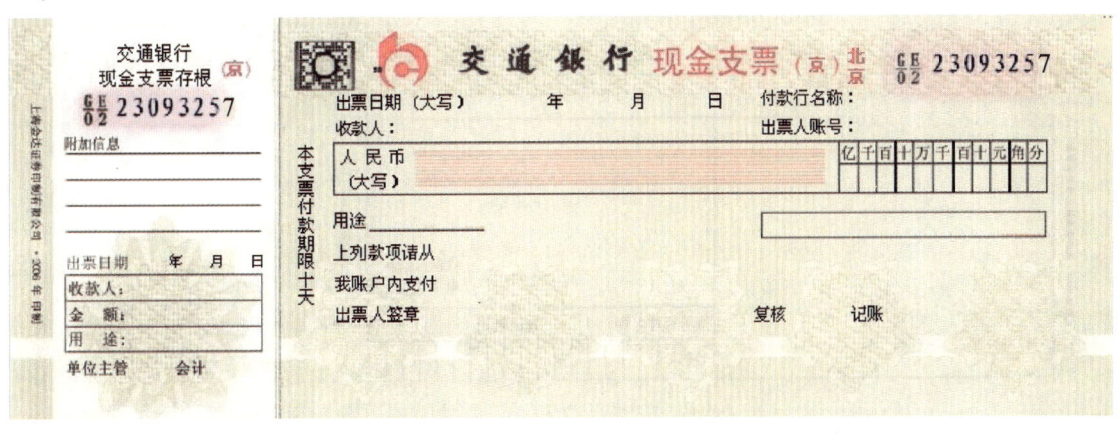

6-1

云南泰亚铝业有限责任公司
付款申请单
2019年12月02日

付款单位：	采购部门	申请人：	王石
付款原因：	采购外购		
付款方式：	支票（号）　　电汇　　其他　银行汇票		
付款金额：	人民币（大写）肆佰叁拾肆万捌仟捌佰玖拾元整	小写	￥4 348 890.00
开户银行及账号：	交通银行昆明科普路支行530003601020058		
收款单位：	深圳重金属有限公司		
单位负责人意见：	刘向阳	申请人领款签字：	王石
财务主管核批：	付艳	出纳：	李化明

（银行付讫）

6-2

银行汇票　　2　00159204　245781349

出票日期（大写）：贰零壹玖年 壹拾贰月 零贰日　代理付款行：中行深圳支行　行号：135224700

收款人：深圳重金属有限公司　账号：5673211

出票金额 人民币（大写）肆佰叁拾肆万捌仟捌佰玖拾元整

实际结算金额 人民币（大写）肆佰叁拾肆万捌仟捌佰玖拾元整　￥4348890.00

申请人：云南泰亚铝业有限责任公司　财务专用章　账号：530003601020058

出票行：交通银行昆明科普路支行　密押：291457012

备注：

（交通银行昆明科普路支行 2019.12.2）

提示付款期限自出票之日起壹个月

此联代理付款行付款后作联行往账借方凭证附件

附加信息:	
	收款人签章 年　月　日
	身份证件名称:　　发证机关:
	号码

6-3

银行汇票（解讫通知） 3

00159204
245781349

出票日期（大写）：贰零壹玖年 壹拾贰月 零贰日
代理付款行：中行深圳支行　　行号：135224700

收款人：深圳重金属有限公司　账号：5673211
出票金额 人民币（大写）：肆佰叁拾肆万捌仟捌佰玖拾元整
实际结算金额 人民币（大写）：肆佰叁拾肆万捌仟捌佰玖拾元整　¥4348890.00

申请人：云南泰亚铝业有限责任公司（财务专用章）
账号：530003601020058
出票行：交通银行昆明科普路支行

备注：货款

（交通银行昆明科普路支行 231457812 2019.12.2 转讫付讫(9)）

代理付款行签章　　复核　　经办　　密押：　　多余金额　　复核　　记账

6-4

银行汇（本）票申请书

年　月　日　　流水号：

业务类型	□银行汇票	□银行本票	付款方式	□转账	□现金
公司名称			收款人		
账　号			账　号		
用　途			代理付款行		

金额（大写）：　　　　　亿 千 百 十 万 千 百 十 元 角 分

客户签章

会计主管　　授权　　复核　　录入

第三联：回单联

7-1

云南泰亚铝业有限责任公司
付 款 申 请 单
2019年12月2日

付款单位：采购部门	申请人：王石
付款原因：前欠货款	
付款方式： 支票（号） 电汇 √ 其他	
付款金额：人民币（大写）叁拾陆万玖仟元整 小写 ￥369 000.00	
收款单位：深圳重金属有限公司	
开户银行及账号：中行深圳市分行135224700	
单位负责人意见：刘向阳	申请人领款签字：王石
财务主管核批：付艳	出纳：李化明

（银行付讫）

7-2

银行电汇凭证（回单）

1

委托日期　年　月　日

汇款人	全　称		收款人	全　称		
	账　号			账　号		
	汇出地点	省　　　市/县		汇入地点	省　　　市/县	
	汇出行名称			汇入行名称		
金额	人民币（大写）				亿千百十万千百十元角分	

支付密码

附加信息及用途：

汇出行签章

此联汇出行给汇款人的回单

7-3

交 通 银 行

业务收费凭证

币别：　　　　　　　　2019 年12月02日　　　　　流水号：

付款人：云南泰亚铝业有限责任公司			账号	
项目名称	工本费	手续费	电子汇划费	金额
电汇		15		15
金额（大写）	壹拾伍元整			
付款方式				

第二联　客户回单

8

收　料　单

供货单位　　　　　　　　　年　月　日　　　　　　　第　号

材料类别	名称及规格	计量单位	数量		实际成本		计划成本	
			应收	实收	单价	金额	单价	金额

质量检验：　　　　　　采购经手人：　　　　　　仓库经手人：

9-1

云南泰亚铝业有限责任公司

差旅费报销单

部门	采购部门					出差事由		采购材料	
姓名	王石								
起讫日期及地点						报销旅费数		原借支	日期
月 日 时	启程地点	月	日	时	到达地点	交通工具			金额 3 500.00
						车 船 费	1 000.00	核销差旅费	3 450.00
						餐 补	600.00	应交回数	50.00
						住 宿 费	1 000.00	应补发数	
						市内交通费	500.00	备注	现金收讫
						杂 费	350.00		
						合 计	3 450.00		

批准人：　　财务主管：　　部门主管：　　验收人：　　经办人：

9-2

收　　据　　　No:1352275

年　　月　　日　　　　　　第　　号

第三联：记账联

兹收到		交来下列款项此据									备注
摘　　要		金　　额									
		百	十	万	千	百	十	元	角	分	
合　　计											

计人民币（大写）

主管：　　　　　　　　　经手人：

10-1

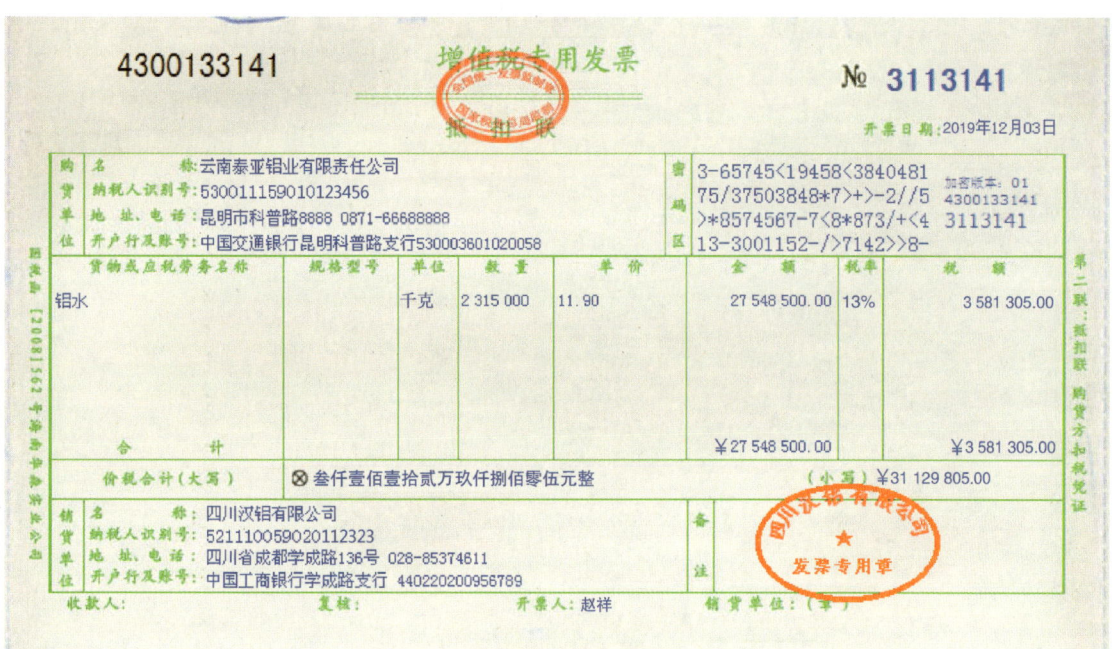

10-2

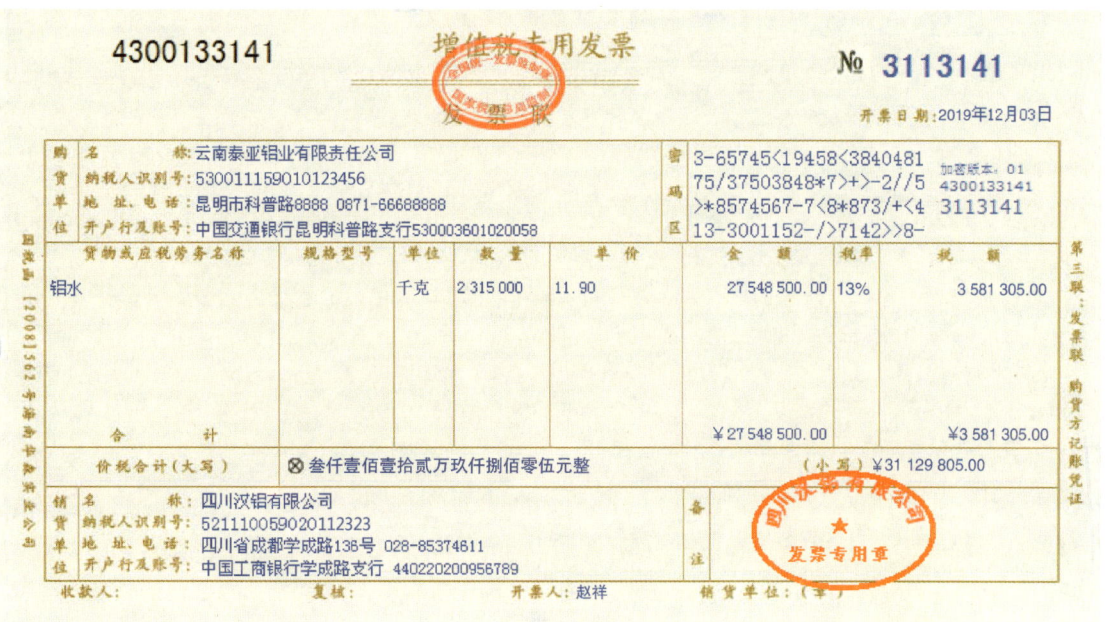

10-3

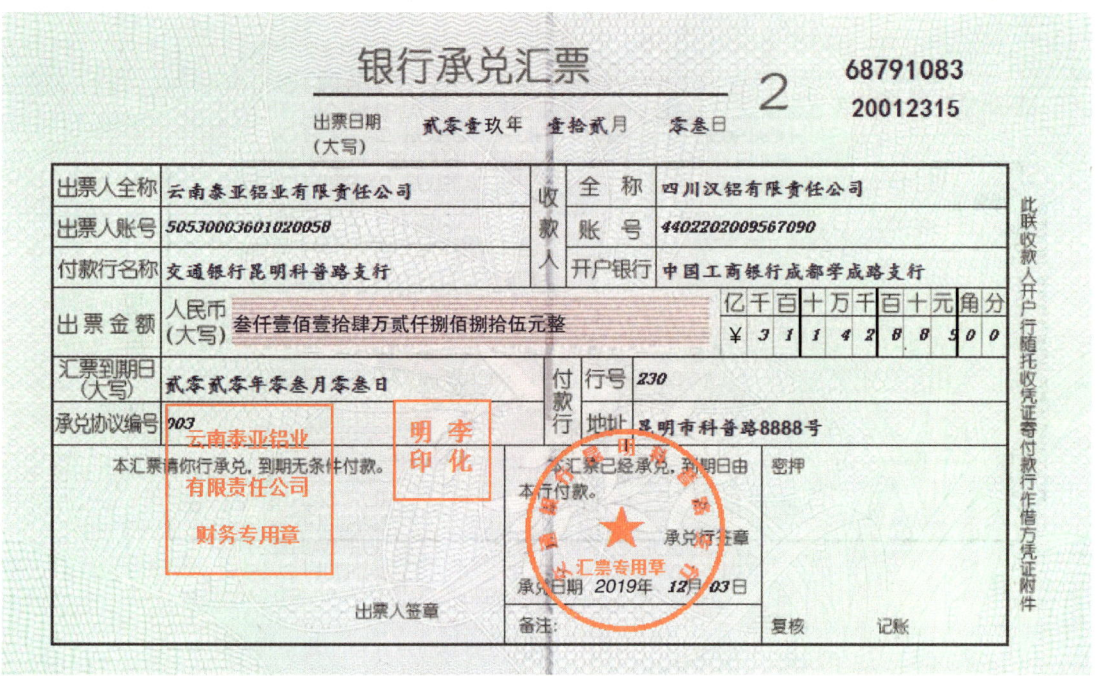

10-4

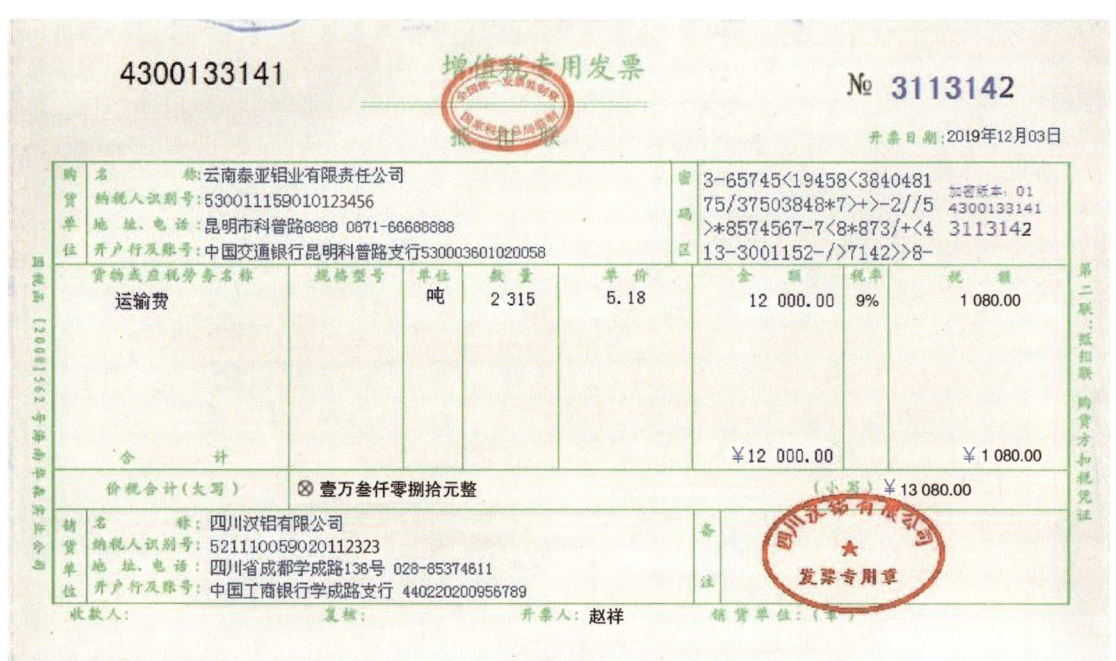

被背书人	被背书人	被背书人
背书人签章 年 月 日	背书人签章 年 月 日	背书人签章 年 月 日

（贴粘单处）

10-5

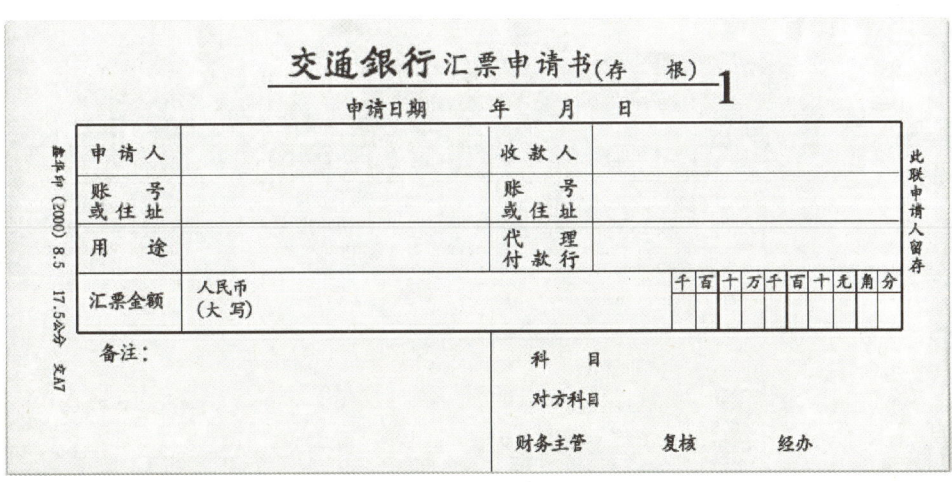

10-6

收料单

供货单位			年 月 日				第 号	
材料类别	名称及规格	计量单位	数量		实际成本		计划成本	
			应收	实收	单价	金额	单价	金额

质量检验: 采购经手人: 仓库经手人:

12

交通银行

业务收费凭证

币别：　　　　　　　2019 年12月02日　　　　　　流水号：

付款人：			账号		
项目名称	工本费	手续费	电子汇划费	金额	
现金支票	5.00	15.00		20.00	第二联
转账支票	5.00	20.00		25.00	
					客户回单
金额（大写）	肆拾伍元整				
付款方式					

会计主管　　　　授权　　　　复核　　　　录入

13-1

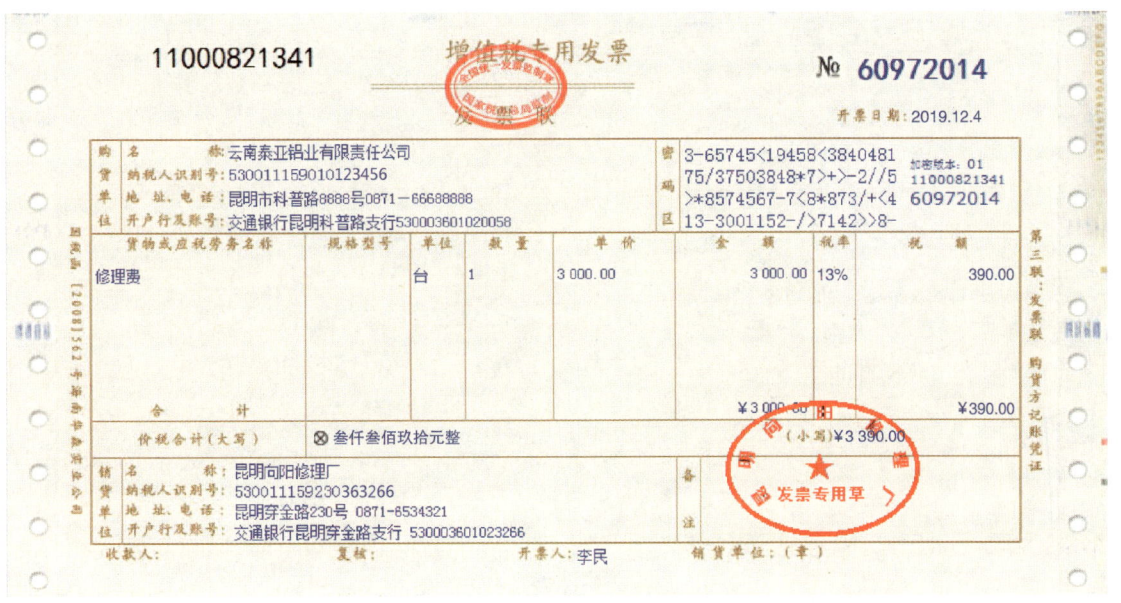

13-2

增值税专用发票 No 60972014

11000821341

开票日期: 2019.12.4

| 购货单位 | 名称：云南秦亚铝业有限责任公司
纳税人识别号：530011159010123456
地址、电话：昆明市科普路8888号 0871-66688888
开户行及账号：交通银行昆明科普路支行 530003601020058 | 密码区 | 3-65745<19458<3840481
75/37503848*7>+>-2//5
>*8574567-7<8*873/+<4
13-3001152-/>7142>>8- | 加密版本：01
11000821341
60972014 |

货物或应税劳务名称	规格型号	单位	数量	单价	金额	税率	税额
修理费		台	1	3 000.00	3 000.00	13%	390.00
合 计					¥3 000.00		¥390.00

价税合计（大写） 叁仟叁佰玖拾元整   （小写）¥3 390.00

| 销货单位 | 名称：昆明向阳修理厂
纳税人识别号：530011159230363266
地址、电话：昆明穿金路230号 0871-8534321
开户行及账号：交通银行昆明穿金路支行 530003601023266 | 备注 | （发票专用章） |

收款人： 复核： 开票人：李民 销货单位：（章）

13-3

交通银行 转账支票存根 GB02 30105228

附加信息

出票日期 年 月 日
收款人：
金 额：
用 途：
单位主管 会计

交通银行 转账支票 GB02 30105228

出票日期（大写） 年 月 日 付款行名称：交通银行昆明科普路支行
收款人： 出票人账号：530003601020058

人民币（大写） | 亿 | 千 | 百 | 十 | 万 | 千 | 百 | 十 | 元 | 角 | 分 |

用途：
上列款项请从
我账户内支付
出票人签章 复核 记账

本支票付款期限十天

附加信息:	被背书人	（贴粘单处）
	背书人签章 年 月 日	

交通银行电汇凭证（收款通知）4

第 号
应解汇票编号：

委托日期： 2019 年 12 月 4 日

付款人	全称	上海博兴贸易公司			收款人	全称	云南泰亚铝业有限责任公司		
	账号	021000065653321				账号	530003601020058		
	地址	上海市南京路987号	开户银行	建行南京路支行		地址	昆明市科普路8888号	开户银行	交通银行昆明科普路支行

金额	人民币（大写）	陆拾捌万伍仟元整	亿	千	百	十	万	千	百	十	元	角	分
						¥	6	8	5	0	0	0	0

汇款用途	支付货款		留行待取预留收款人印鉴	
款项已汇入收款人账户 汇入行盖章 2014年 12 月 4 日		上列款项已收到 收款人盖章 2014年12月4日	科目（借）_____ 对方科目（贷）_____ 汇出行汇出日期 年 月 日 会计 复核 记账 制单	

此联是汇入行给收款人的收账通知

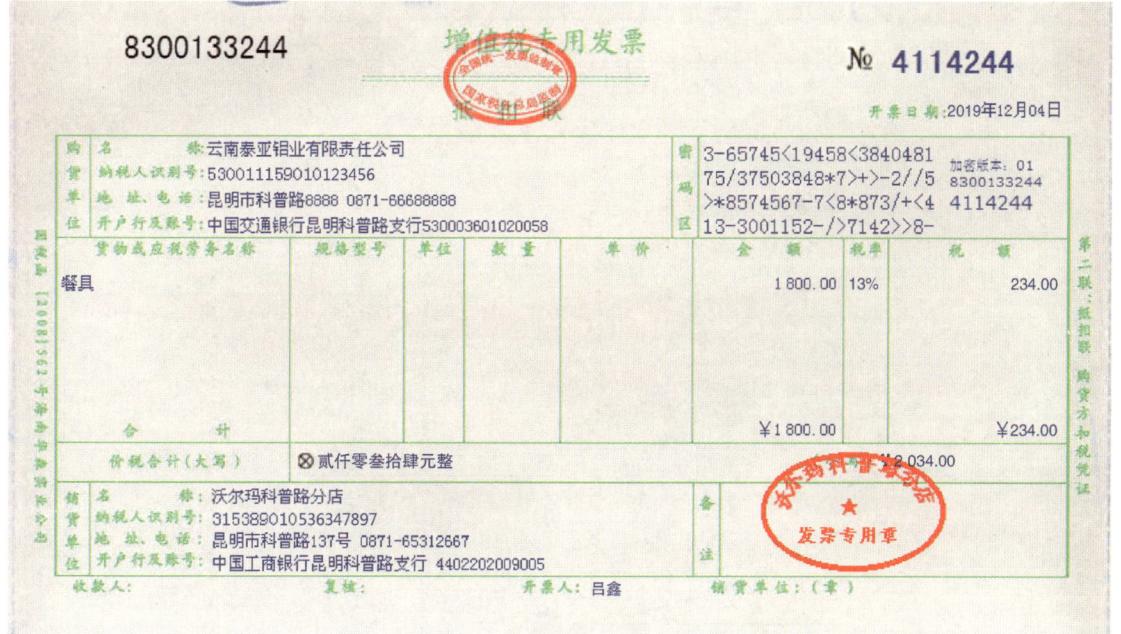

15-2

| 购货单位 | 名称：云南泰亚铝业有限责任公司
纳税人识别号：530011159010123456
地址、电话：昆明市科普路8888 0871-66688888
开户行及账号：中国交通银行昆明科普路支行530003601020058 | 密码区 | 3-65745<19458<3840481
75/37503848*7>+>-2//5
>*8574567-7<8*873/+<4
13-3001152-/>7142>>8- | 加密版本：01
8300133244
4114244 |

增值税专用发票 №4114244
开票日期：2019年12月04日
8300133244

货物或应税劳务名称	规格型号	单位	数量	单价	金额	税率	税额
餐具					1 800.00	13%	234.00
合计					¥1 800.00		¥234.00

价税合计（大写）：⊗ 贰仟零叁拾肆元整　￥2 034.00

| 销货单位 | 名称：沃尔玛科普路分店
纳税人识别号：315389010536347897
地址、电话：昆明市科普路137号 0871-65312667
开户行及账号：中国工商银行昆明科普路支行 4402202009005 | 备注 | （沃尔玛科普路分店 发票专用章） |

收款人：　　复核：　　开票人：吕鑫　　销货单位：（章）

15-3

交通银行 转账支票存根　GE 30105222

附加信息

出票日期　年　月　日
收款人：
金额：
用途：
单位主管　　会计

交通银行 转账支票　GE 02 30105222

出票日期（大写）　年　月　日　　付款行名称：交通银行昆明科普路支行
收款人：　　　　　　　　　　　　出票人账号：530003601020058
人民币（大写）：　　　　　　　　　亿千百十万千百十元角分

用途：
上列款项请从
我账户内支付
出票人签章　　　　　　　　复核　　记账

本支票付款期限十天

附加信息:	被背书人	（贴粘单处）
	背书人签章 年 月 日	

16-1

云南泰亚铝业有限责任公司
付 款 申 请 单
2019年12月4日

付款单位：采购部门	申请人：王石
付款原因：预付材料款	
付款方式： 支票（号） √ 电汇 其他	
付款金额：人民币（大写）叁万元整 小写 ￥30 000.00	
收款单位：昆明汉铝有限公司	
开户银行及账号：工行昆明科医路支行 530003601020124	
单位负责人意见：刘向阳	申请人领款签字：王石
财务主管核批：付艳	出纳：李化明

（银行付讫）

16-2

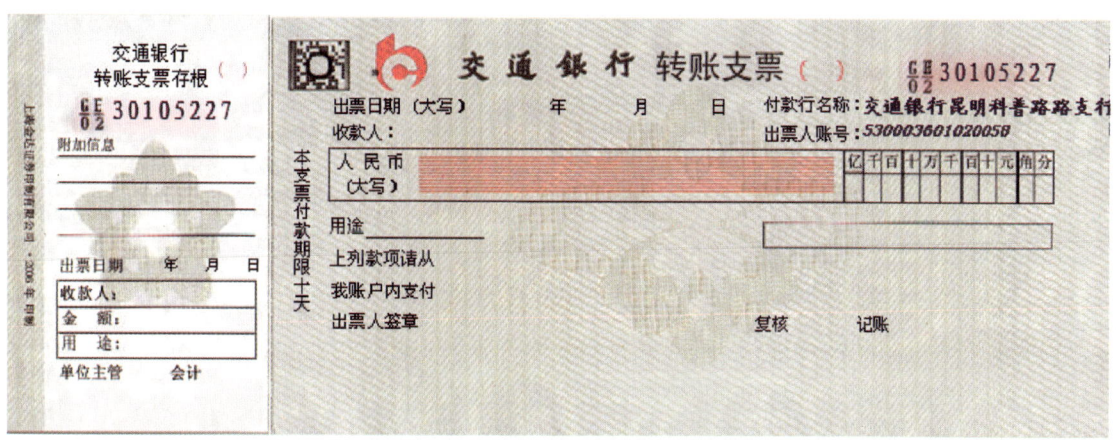

17

交通银行委托收款凭证（付款通知）

2019年12月5日

付款人	全 称	云南泰亚铝业有限责任公司	收款人	全 称	中国电信股份有限公司昆明分公司
	账 号	530003601020058		账 号	250201165337422
	开户银行	交通银行昆明科普路支行		开户银行	
金额	人民币（大写）	贰仟贰佰肆拾伍元整			亿 千 百 十 万 千 百 十 元 角 分　￥2 2 4 5 0 0
票据种类			票据张数		
票据号码					

复核　　记账　　　　　　　　　　开户银行签章

附加信息:	被背书人	（贴粘单处）
（上诉附加信息由持票人填写）	背书人签章 年　月　日	

交通银行贴现凭证（收账通知）

2019 年 12 月 5 日

申请人	全称	云南泰亚铝业有限责任公司		贴现汇票	种类	商业汇票		号码	6500252523			
	账号	530003601020058			出票日期	2019 年 10 月 5 日						
	开户银行	交通银行昆明科普路支行			到期日期	2020 年 3 月 5 日						
汇票承兑人（银行）	名称	昆明经明有限公司	账号	6500003600201123		开户银行	中国工商银行昆明南屏街支行					
汇票金额	人民币（大写）	伍拾万元整				亿 千 百 十 万 千 百 十 元 角 分 ¥ 5 0 0 0 0 0 0 0						
年贴现率	4%	贴现利息	5000	实付贴现金额		亿 千 百 十 万 千 百 十 元 角 分 ¥ 4 9 5 0 0 0 0 0						
原始凭证名称	商业汇票	号码	6500252523	备注								

上述款项已经划入你单位账户
此致
银行盖章
2019年 12 月 5 日

交通银行托收凭证（第五联）

委托日期： 2019 年 12 月 8 日　　　　票据号码：65000235

业务类型	委托收款（邮划　电划√）　托收承付（邮划　电划）											
付款人	全称	云南泰亚铝业有限责任公司			收款人	全称	曲靖铝厂					
	账号	530003601020058				账号	65022323500055					
	地址	昆明市科普路8888号	开户银行	交通昆明科普路支行		地址	曲靖市	开户银行	建行			
托收金额	人民币（大写）	陆拾万元整				亿 千 百 十 万 千 百 十 元 角 分 ¥ 6 0 0 0 0 0 0 0						
款项内容	购货款	委托收款凭证名称	商业承兑汇票		附寄单证张数	3						
商品发运情况	已发				合同名称号码	购销合同 2019-6-12						
收款人行号	52223	款项收妥日期 2019 年 12 月 8 日			收款人开户银行盖章 2019年12月8日							

20-1

商业承兑汇票

出票日期（大写） 贰零壹玖年 壹拾贰月 零捌日

付款人	全称	重庆光明铝业有限责任公司	收款人	全称	云南泰亚铝业有限责任公司
	账号	654789358428761		账号	530003601020058
	开户银行	重庆工商银行江岸分行		开户银行	交通银行昆明科普路支行

出票金额	人民币（大写） 贰仟贰佰肆拾玖万陆仟元整	亿千百十万千百十元角分 ¥2249600000

汇票到期日（大写）	贰零贰零年零叁月零捌日	付款人	行号	002
交易合同号码		开户行	地址	重庆市大化路214号

本汇票已经承兑，到期无条件付款。 本汇票请予以承兑于到期日付款。

承兑日期 2019年12月08日   出票人签章

此联收款人开户行随托收凭证寄付款行作借方凭证附件

20-2

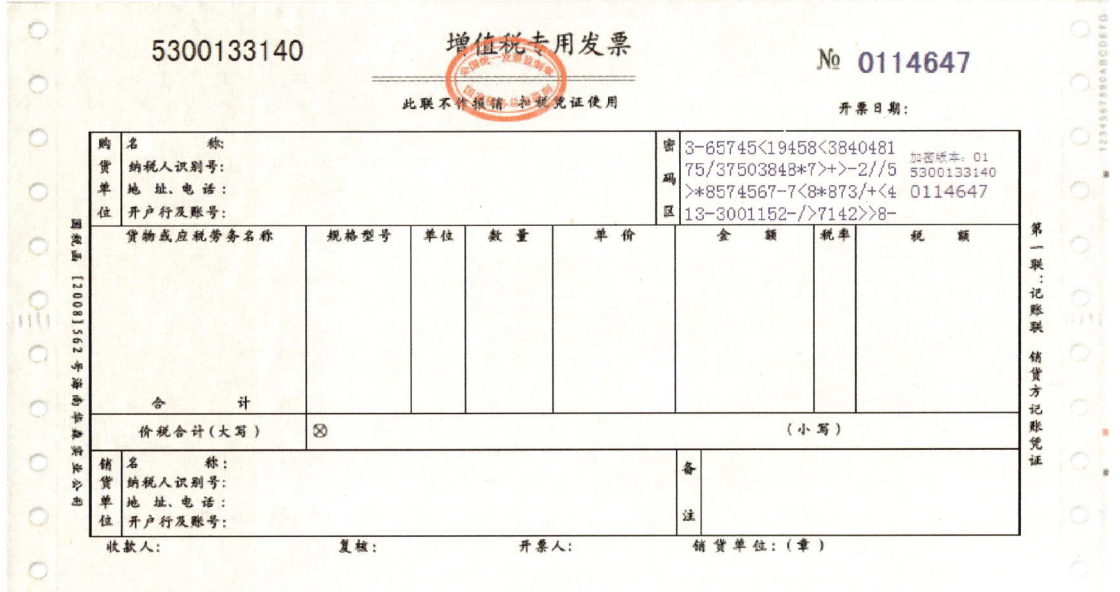

20-3

产成品出库单

年　月　日

领用部门：　　　　　　　　　　　　　用途：　　　　　　　　　　　　　　　第　号

产品名称	规格型号	计量单位	出库数量	单位成本	总成本	备注

材料会计：　　　　　　　　　　销售经手人：　　　　　　　　仓库经手人：

21-1

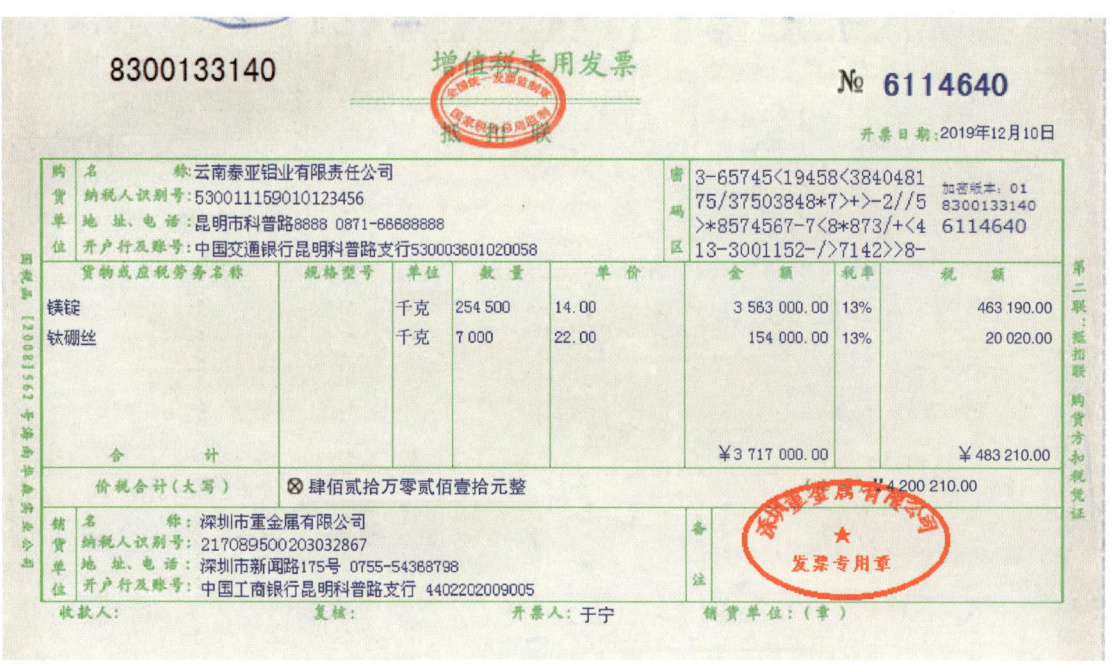

21-2

增值税专用发票

8300133140　　　　　　　　　　　　　　　　　　　No 6114640

开票日期：2019年12月10日

| 购货单位 | 名　　称：云南泰亚铝业有限责任公司
纳税人识别号：530011159010123456
地址、电话：昆明市科普路8888 0871-66688888
开户行及账号：中国交通银行昆明科普路支行530003601020058 | 密码区 | 3-65745<19458<3840481
75/37503848*7>+>-2//5
>*8574567-7<8*873/+<4
13-3001152-/>7142>>8- | 加密版本：01
8300133140
6114640 |

货物或应税劳务名称	规格型号	单位	数量	单价	金额	税率	税额
镁锭		千克	254 500	14.00	3 563 000.00	13%	463 190.00
钛硼丝		千克	7 000	22.00	154 000.00	13%	20 020.00
合　　计					￥3 717 000.00		￥483 210.00

价税合计（大写）　⊗肆佰贰拾万零贰佰壹拾元整　　　　　　　　　￥4 200 210.00

| 销货单位 | 名　　称：深圳市重金属有限公司
纳税人识别号：217089500203032867
地址、电话：深圳市新闻路175号 0755-54368798
开户行及账号：中国工商银行昆明科普路支行 4402202009005 | 备注 | |

收款人：　　　　　复核：　　　　　开票人：于宁　　　　　销货单位：（章）

21-3

收 料 单

供货单位　　　　　　　　　　　年　月　日　　　　　　　　　第　号

材料类别	名称及规格	计量单位	数量		实际成本		计划成本	
			应收	实收	单价	金额	单价	金额

质量检验：　　　　　　　采购经手人：　　　　　　　仓库经手人：

交通银行托收凭证（第五联）

委托日期：2019年12月9日　　票据号码：65000249

业务类型	委托收款（邮划　　电划 ✓　）			托收承付（邮划　　电划　）			
付款人	全称	云南五化中铝有限公司		收款人	全称	云南泰亚铝业有限责任公司	
	账号	530003601020127			账号	530003601020058	
	地址	昆明五一路223号	开户银行	交银路支行	地址	昆明市科普路8888号	开户银行	交通银行昆明科普路支行
托收金额	人民币（大写）	叁拾伍万元整		亿 千 百 十 万 千 百 十 元 角 分 ￥ 3 5 0 0 0 0 0 0			
款项内容	销货款	委托收款凭证名称	银行承兑汇票	附寄单证张数		1	
商品发运情况	已发			合同名称号码	购销合同 2019-5-10		
收款人行号	5222552			款项收妥日期 2019年12月9日	收款人开户银行盖章 2019年12月9日		

此联是收款人开户行给收款人的收款通知

交通银行托收凭证（第五联）

委托日期：2019年12月11日　　票据号码：65000316

业务类型	委托收款（邮划 ✓　电划　）			托收承付（邮划　　电划　）			
付款人	全称	广西达艺铝制品厂		收款人	全称	云南泰亚铝业有限责任公司	
	账号	124579005657			账号	530003601020058	
	地址	广西柳州光明路3号	开户银行	建行柳州光明路支行	地址	昆明市科普路8888号	开户银行	交通银行昆明科普路支行
托收金额	人民币（大写）	肆拾贰万贰仟元		亿 千 百 十 万 千 百 十 元 角 分 ￥ 4 2 2 0 0 0 0 0			
款项内容	销货款	委托收款凭证名称	增值税专用发票	附寄单证张数		1	
商品发运情况	已发			合同名称号码	购销合同 2019-6-16		
收款人行号	5222552			款项收妥日期 2019年12月11日	收款人开户银行盖章 2019年12月11日		

此联是收款人开户行给收款人的收款通知

24-1

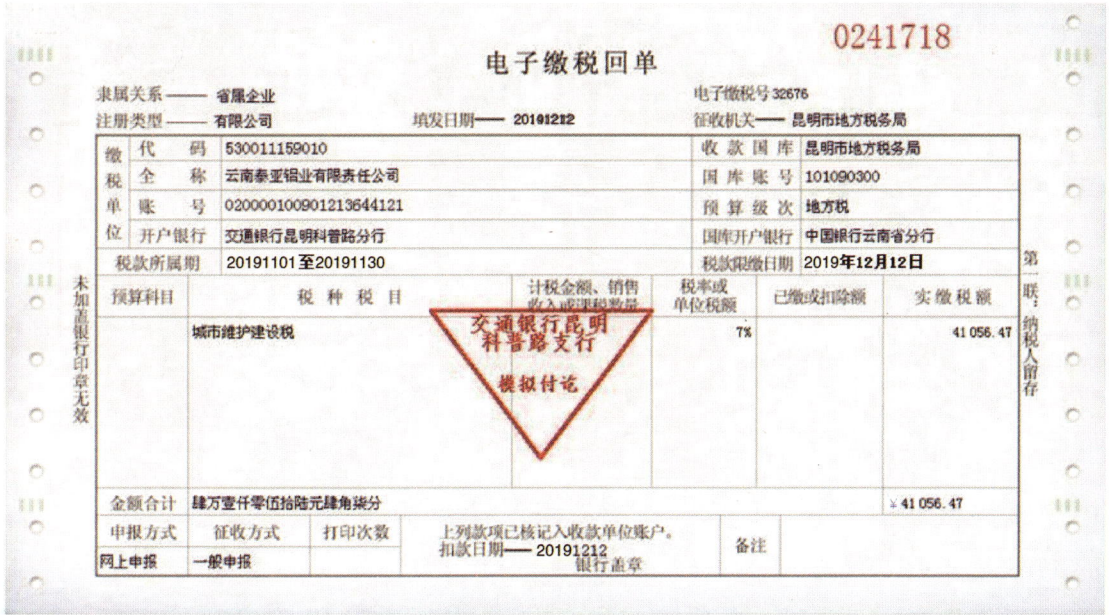

24-2

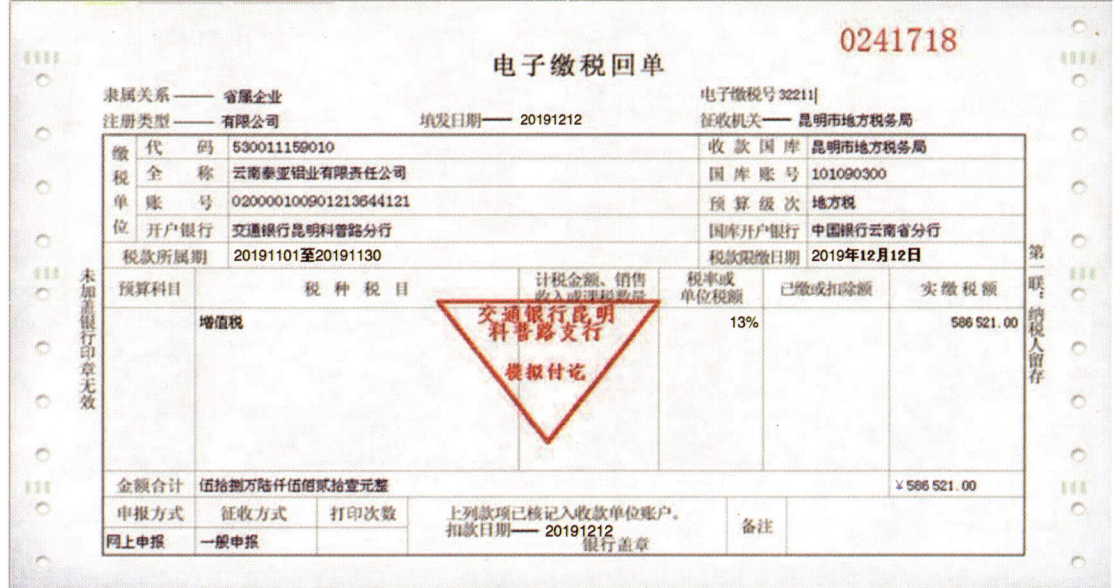

24-3

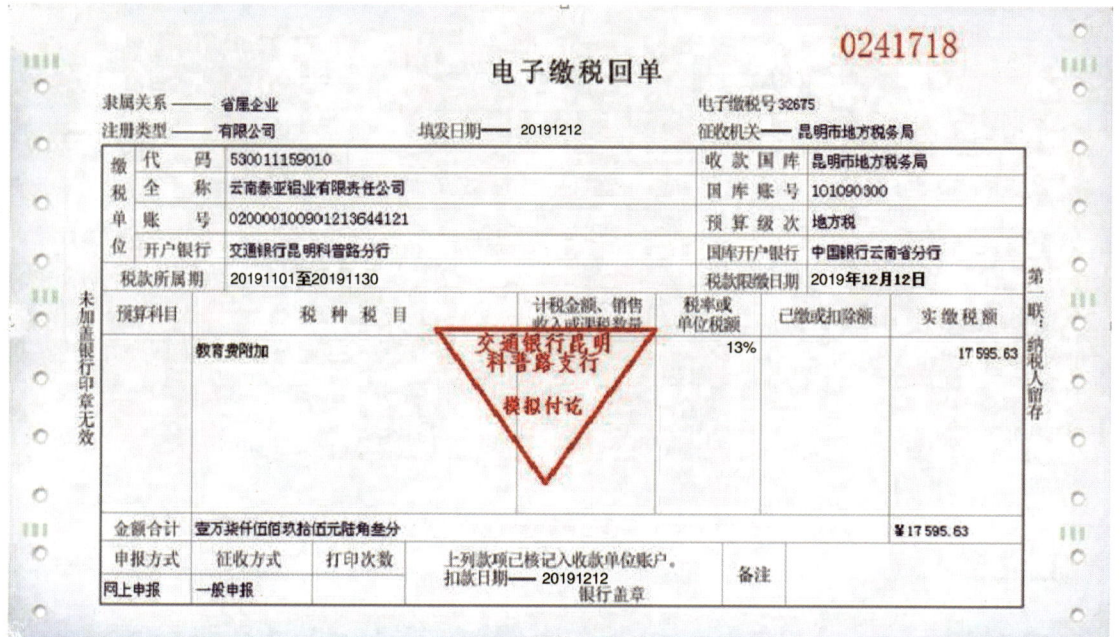

电子缴税回单　　0241718

隶属关系	省属企业			电子缴税号 32675		
注册类型	有限公司	填发日期 20191212		征收机关 昆明市地方税务局		
缴税单位	代　码	530011159010		收款国库	昆明市地方税务局	
	全　称	云南泰亚铝业有限责任公司		国库账号	101090300	
	账　号	020000100901213644121		预算级次	地方税	
	开户银行	交通银行昆明科普路分行		国库开户银行	中国银行云南省分行	
税款所属期	20191101至20191130			税款限缴日期	2019年12月12日	
预算科目	税　种　税　目		计税金额、销售收入或退税数量	税率或单位税额	已缴或扣除额	实缴税额
	教育费附加			13%		17 595.63
金额合计	壹万柒仟伍佰玖拾伍元陆角叁分					￥17 595.63
申报方式 网上申报	征收方式 一般申报	打印次数	上列款项已核记入收款单位账户。扣款日期 20191212 银行盖章		备注	

未加盖银行印章无效

第一联：纳税人留存

增值税纳税申报表

(一般纳税人适用)

根据国家税收法律法规及增值税相关规定制定本表。纳税人不论有无销售额,均应按税务机关核定的纳税期限填写本表,并向当地税务机关申报。

税款所属时间:　　　　至　　　　　　　填表日期:　　　　　　　　　　　金额单位:元

纳税人识别号:				所属行业:其他制造业	
纳税人名称:		法定代表人姓名	注册地址	生产经营地址	
开户银行及账号		登记注册类型	电话号码		

	项　目	栏次	一般货物、劳务和应税服务		即征即退货物、劳务和应税服务	
			本月数	本年累计	本月数	本年累计
销售额	(一)按适用税率计税销售额	1				
	其中:应税货物销售额	2				
	应税劳务销售额	3				
	纳税检查调整的销售额	4				
	(二)按简易办法计税销售额	5				
	其中:纳税检查调整的销售额	6				
	(三)免、抵、退办法出口销售额	7				
	(四)免税销售额	8				
	其中:免税货物销售额	9				
	免税劳务销售额	10				
税款计算	销项税额	11				
	进项税额	12				
	上期留抵税额	13				
	进项税额转出	14				
	免、抵、退应退税额	15				
	按适用税率计算的纳税检查应补缴税额	16				
	应抵扣税额合计	17=12+13-14-15+16				
	实际抵扣税额	18(如17<11,则为17,否则为11)				
	应纳税额	19=11-18				
	期末留抵税额	20-17-18				
	简易计税办法计算的应纳税额	21				
	按简易计税办法计算的纳税检查应补缴税额	22				
	应纳税额减征额	23				
	应纳税额合计	24=19+21-23				
税款缴纳	期初未缴税额(多缴为负数)	25				
	实收出口开具专用缴款书退税额	26				
	本期已缴税额	27=28+29+30+31				
	①分次预缴税额	28				
	②出口开具专用缴款书预缴税额	29				
	③本期缴纳上期应纳税额	30				
	④本期缴纳欠缴税额	31				
	期末未缴税额(多缴为负数)	32=24+25+26-27				
	其中:欠缴税额(≥0)	33=25+26-27				
	本期应补(退)税额	34=24-28-29				
	即征即退实际退税额	35				
	期初未缴查补税额	36				
	本期入库查补税额	37				
	期末未缴查补税额	38=16+22+36-37				

授权声明	如果你已委托代理人申报,请填写下列资料: 为代理一切税务事宜,现授权　　　　　(地址)　　　　为本纳税人的代理申请,申报表有关的往来文件,都可寄予此人。 授权人签字:	申报人声明	本纳税申报表是根据国家税收法律法规及相关规定填报,我确定它是真实的、可靠的、完整的。 声明人签字:

24-5

地方税(费)综合纳税申报表

纳税人名称(公章)：　　　　纳税人管理码：　　　　申报日期：　　年　月　日

金额单位:元(列至角分)

税种	税目	应税项目	税款所属期	计税总值或计税数量	税(费)率(预征率、征收率、单位税率)	应纳税(费)额	减免、扣、抵、缓缴税(免)额	已纳税(费)额	本期应缴税(费)额
		合　　计							

开户银行		银行账号	
说明:本表适用于核定征收或按附征率征收的个人所得税以及其它地方各税(基金、费)的申报,本表一式三份,受理部门和属地分局(所)各一份,审核签章后返回纳税人一份		受理人：　　　　　　　　　年　月　日	
		审核人：　　　　　　　　　年　月　日	

法人代表(签章)：　　　　　　办税员或税务代理人：　　　　　　受理地税机关(章)：

25-1

上缴工会经费申报表

缴费单位识别码	5	3	0	0	1	1	1	5	9	0	1	0	4	3	0	8	0	0	申报日期：2019年12月12日		
缴费单位上级机构识别码	5	3	1	0	1	1	1	6	6	8	4	3	4	9	0	0	2	0	金额单位:人民币元		

缴费单位全称	云南泰亚铝业有限责任公司		工会经费所属期		付款方式	银行转账
						现金
全部职工工资总额	计征基数(工资总额×2%)	征收比例	应交工会经费金额	已交工会经费金额	应补(退)金额	
1	2	3	4=2×3	5	6=4-5	
657 258.76	13 145.18	97.5%	12820.9			
如缴费人填报,由缴费人填写以下各栏			如代理人填报,由代理人填写以下各栏		收入级次	
会计主管(签章)付讫	缴费单位(公章)		代理人名称	代理人(公章)	所属行业	
			代理人地址		行业编码	
			经办人	电话		
以下由税务机关填写						
收到申报表日期		接受人		审核记录		
审核申报表日期		审核人				

社会保险费申报表

单位类型：企业　　企业填表日期：2019 年 12 月 12 日　　代征机构：昆明市社保局

缴费单位	代码	530011159010		职工情况	总数	3	
	名称	云南泰亚铝业有限责任公司			其中	城合制	3
	开户银行	中国交通银行昆明科普支行				农合制	0
	开户方式					挂靠	0
	缴费方式					个体	0
单位工资总额				费款所属日期		2014 年 12 月	
单位基数总额				个人工资总额			

险种标志	单位缴费		个人缴费		缴费合计（元）
	缴费费率（%）	缴费金额（元）	缴费费率（%）	缴费金额（元）	
基本养老保险费	20	131 451.7	8	104 408.3	235 860
基本医疗保险费	8	72 023.3	2	52 580.7	124 604
失业保险费	2	26 390.82	1	13 145.18	39 536
合计：					

合计金额（人民币）：肆拾万元整

缴费单位（盖章）　经办人（章）　　征缴机构（盖章）　经办人（章）　　备注：

住房公积金缴款书

2019年12月12日　　　　附变更清册　　张

单位名称（公章）	云南泰亚铝业有限责任公司		
单位登记号	530011159010	资金来源：□财政统发 □非财政统发	汇缴2019年12月
汇缴金额（大写）：贰拾肆万陆仟玖佰捌拾伍元整			千百十万千百十元角分　¥ 2 4 6 9 8 5 0 0

	上月汇缴	本月增加	本月减少	本月汇缴
人数				
金额				246 985.00
缴款方式	□支票　□委托收款　□现金送款簿　□汇款		备注：	
票据号码				
付款银行	中国交通银行昆明科普支行			
付款账户	基本存款账户			
单位签名（盖章）		复核：向阳		制单：李民

26-1

电子缴税回单

0241718

隶属关系	省属企业		电子缴税号	32676
注册类型	有限公司	填发日期 20191214	征收机关	昆明市地方税务局

缴税单位	代 码	530011159010	收款国库	昆明市地方税务局
	全 称	云南泰亚铝业有限责任公司	国库账号	101090300
	账 号	02000010090121364412l	预算级次	地方税
	开户银行	交通银行昆明科普路分行	国库开户银行	中国银行云南省分行

税款所属期	20191201 至 20191231			税款限缴期	2019年12月14日
预算科目	税 种 税 目	计税金额、销售收入或课税数量	税率或单位税额	已缴或扣除额	实缴税额
	印花税				2 150.00

金额合计	贰仟壹佰伍拾元整		￥2 150.00
申报方式	征收方式	打印次数	上列款项已核记入收款单位账户。	备注
网上申报	一般申报		扣款日期 20191214 银行盖章	

(第一联 纳税人留存)
(未加盖银行印章无效)

26-2

交通银行 转账支票 GH02 30105232

交通银行 转账支票存根 GH02 30105232

出票日期（大写） 年 月 日
付款行名称：交通银行昆明科普路支行
收款人：
出票人账号：530003601020058

人民币（大写）

用途：上列款项请从我账户内支付
出票人签章   复核   记账

出票日期 年 月 日
收款人：
金额：
用途：
单位主管   会计

本支票付款期限十天

附加信息:	被背书人	（贴粘单处）
	背书人签章 年　月　日	

27-1

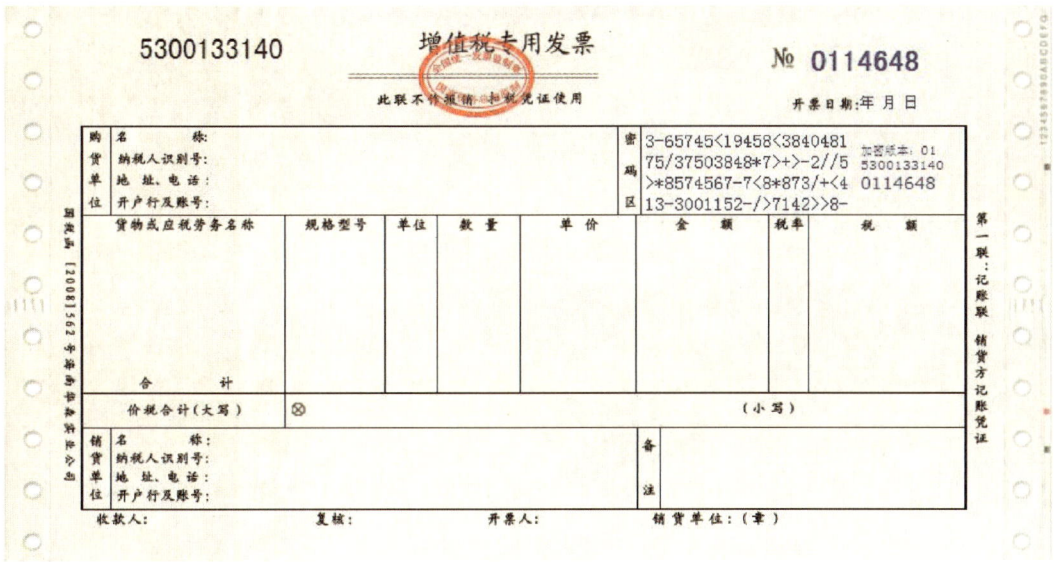

27-2

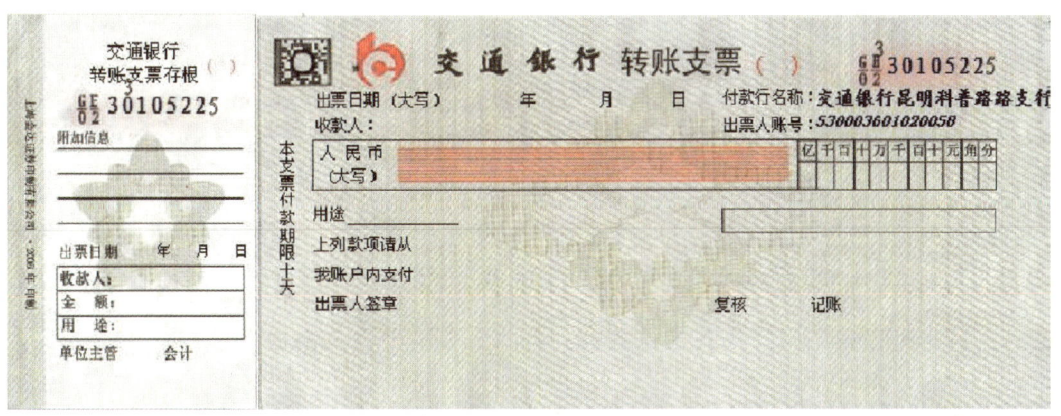

27-3

附加信息:	被背书人	
		（贴粘单处）
	背书人签章 年 月 日	

28-1

28-2

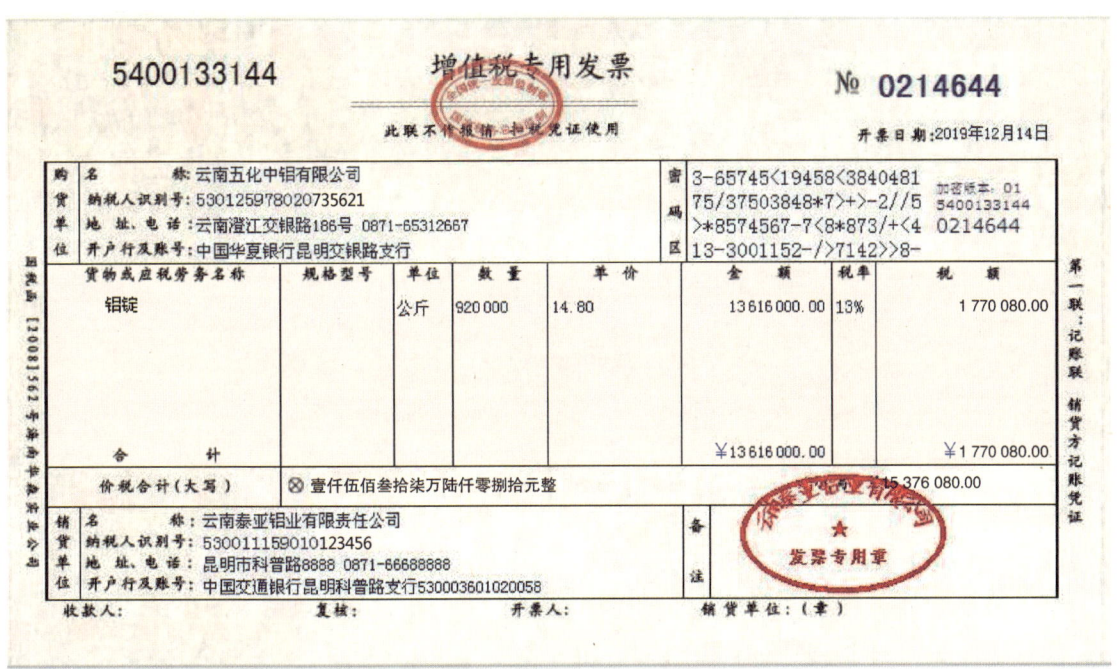

被背书人	被背书人	被背书人
背书人签章 年 月 日	背书人签章 年 月 日	背书人签章 年 月 日

（贴粘单处）

28-3

产成品出库单   第　号

领用部门：　　　　　　　　　　　年　月　日　　　　　　　　用途：

产品名称	规格型号	计算单位	出库数量	单位成本	总成本	备注

材料会计：　　　　　　　　　　　销售经手人：　　　　　　　　　　仓库经手人：

29-1

职 工 工 资 表

姓名	部门	岗位	应付工资				应扣款项						实发工资	出纳签字	会计签字
			工资	津贴	奖金	小计	养老保险	失业保险	医疗保险	住房公积金	个人所得税	小计			
曹红	基本熔炉车间	生产人员	7 687	1 095	2 193	10 975	878	33	220	933	117	2 181	8 794		
陈俊宇			7 668	1 098	2 190	10 956	876	33	219	931	117	2 176	8 780		
程祎			7 660	1 010	2 191	10 861	869	33	217	923	115	2 157	8 704		
仇文龙			7 669	1 097	2 196	10 962	877	33	219	932	117	2 178	8 784		
龚莹莹			7 665	1 093	2 195	10 953	876	33	219	931	117	2 176	8 777		
贺思皓			7 662	1 096	2 189	10 947	876	33	219	930	117	2 175	8 772		
张山银			7 668	1 094	2 198	10 960	877	33	219	932	117	2 178	8 782		
李克英			7 666	1 181	2 175	11 022	882	33	220	937	118	2 190	8 832		
李佩娟	基本铸棒车间	生产人员	8 520	1 217	2 435	12 172	974	37	243	1 035	147	2 436	9 736		
李纬			8 528	1 216	2 434	12 178	974	37	244	1 035	147	2 437	9 741		
李江雪			8 526	1 215	2 433	12 174	974	37	243	1 035	147	2 436	9 738		
刘安娜			8 530	1 214	2 436	12 180	974	37	244	1 035	147	2 437	9 743		
唐宇			8 524	1 218	2 437	12 179	974	37	244	1 035	147	2 437	9 742		
谭华菊			8 527	1 219	2 435	12 181	974	37	244	1 035	147	2 437	9 744		
王才会			8 525	1 218	2 436	12 179	974	37	244	1 035	147	2 437	9 742		
吴优			8 521	1 213	2 438	12 172	974	37	243	1 035	147	2 436	9 736		
谢园近			8 481	1 225	2 424	12 130	970	36	243	1 031	145	2 425	9 705		
许幼旋		管理人员	7 546	1 075	2 155	10 776	862	32	216	916	113	2 139	8 637		
严杰			7 545	1 077	2 156	10 778	862	32	216	916	113	2 139	8 639		
杨淑荣			7 547	1 078	2 157	10 782	863	32	216	916	113	2 140	8 642		
郑慧敏			7 546	1 082	2 156	10 784	863	32	216	917	113	2 141	8 643		

（续表）

姓名	部门	岗位	应付工资				应扣款项						实发工资	出纳签字	会计签字
			工资	津贴	奖金	小计	养老保险	失业保险	医疗保险	住房公积金	个人所得税	小计			
李钒圻	基本铸锭车间	生产人员	8 511	1 216	2 437	12 164	973	36	243	1 034	146	2 432	9 732		
宋遥			8 512	1 217	2 432	12 161	973	36	243	1 034	146	2 432	9 729		
姜娜			8 513	1 215	2 433	12 161	973	36	243	1 034	146	2 432	9 729		
杜胜兰			8 516	1 218	2 431	12 165	973	36	243	1 034	146	2 432	9 733		
丁阳			8 514	1 213	2 434	12 161	973	36	243	1 034	146	2 432	9 729		
高静怡			8 512	1 218	2 435	12 165	973	36	243	1 034	146	2 432	9 733		
李林			8 517	1 212	2 436	12 165	973	36	243	1 034	146	2 432	9 733		
钟胤			8 510	1 211	2 430	12 151	972	36	243	1 033	146	2 430	9 721		
柳雨涵			8 496	1 223	2 418	12 137	971	36	243	1 032	146	2 428	9 709		
袁晶		管理人员	7 526	1 074	2 156	10 756	860	32	215	914	112	2 133	8 623		
林洋			7 525	1 077	2 152	10 754	860	32	215	914	112	2 133	8 621		
朱兴美			7 524	1 075	2 150	10 749	860	32	215	914	112	2 133	8 616		
申丽江			7 525	1 074	2 142	10 741	859	32	215	913	112	2 131	8 610		
李蓉	辅助机修车间		7 667	1 096	2 191	10 954	876	33	219	931	117	2 176	8 778		
邓享华			7 668	1 094	2 194	10 956	876	33	219	931	117	2 176	8 780		
谭云婷			7 665	1 098	2 195	10 958	877	33	219	931	117	2 177	8 781		
谭琼			7 664	1 097	2 191	10 952	876	33	219	931	117	2 176	8 776		
赵林旭			7 670	1 092	2 190	10 952	876	33	219	931	117	2 176	8 776		
朱曼青			7 675	1 096	2 184	10 955	876	33	219	931	117	2 176	8 779		
丁琳	行政部门	管理人员	8 515	1 216	2 434	12 165	973	36	243	1 034	146	2 432	9 733		
张莹婷			8 513	1 217	2 435	12 165	973	36	243	1 034	146	2 432	9 733		
吴茜			8 518	1 219	2 431	12 168	973	37	243	1 034	146	2 433	9 735		
杜松桦			8 514	1 213	2 437	12 164	973	36	243	1 034	146	2 432	9 732		
曹慧			8 519	1 215	2 438	12 172	974	37	243	1 035	147	2 436	9 736		
薛民			8 512	1 217	2 436	12 165	973	36	243	1 034	146	2 432	9 733		
刘芳			8 520	1 220	2 440	12 180	974	37	244	1 035	147	2 437	9 743		
董云涛			8 517	1 229	2 435	12 181	974	37	244	1 035	147	2 437	9 744		
腾安明			8 508	1 202	2 410	12 120	970	36	242	1 030	145	2 423	9 697		
曹莹	销售部门	销售人员	15 631	2 238	4 468	22 337	1 787	67	447	1 899	394	4 594	17 743		
朱雄娇			15 640	2 232	4 465	22 337	1 787	67	447	1 899	394	4 594	17 743		
胡亚楠			15 638	2 240	4 467	22 345	1 788	67	447	1 899	394	4 595	17 750		
杨志超			15 616	2 222	4 463	22 301	1 784	67	446	1 896	393	4 586	17 715		
合计			460 082	65 727	131 449	657 258	52 576	1 970	13 144	55 867	8 063	131 620	525 638		

职工工资结算汇总表

部门		工资	津贴	奖金	应付工资	代扣款项						实发工资
						养老保险	失业保险	医疗保险	住房公积金	个人所得税	小计	
基本熔炉车间		61 345	8 764	17 527	87 636	7 011	264	1 752	7 449	935	17 411	70 225
基本铸棒车间	生产人员	76 682	10 955	21 908	109 545	8 762	332	2 192	9 311	1 321	21 918	87 627
	管理人员	30 184	4 312	8 624	43 120	3 450	128	864	3 665	452	8 559	34 561
基本铸锭车间	生产人员	76 601	10 943	21 886	109 430	8 754	324	2 187	9 303	1 314	21 882	87 548
	管理人员	30 100	4 300	8 600	43 000	3 439	128	860	3 655	448	8 530	34 470
辅助机修车间		46 009	6 573	13 145	65 727	5 257	198	1 314	5 586	702	13 057	52 670
行政部门		76 636	10 948	21 896	109 480	8 757	328	2 188	9 305	1 316	21 894	87 586
销售部门		62 525	8 932	17 863	89 320	7 146	268	1 787	7 593	1 575	18 369	70 951
合计		460 082	65 727	131 449	657 258	52 576	1 970	13 144	55 867	8 063	131 620	525 638

制表:李民

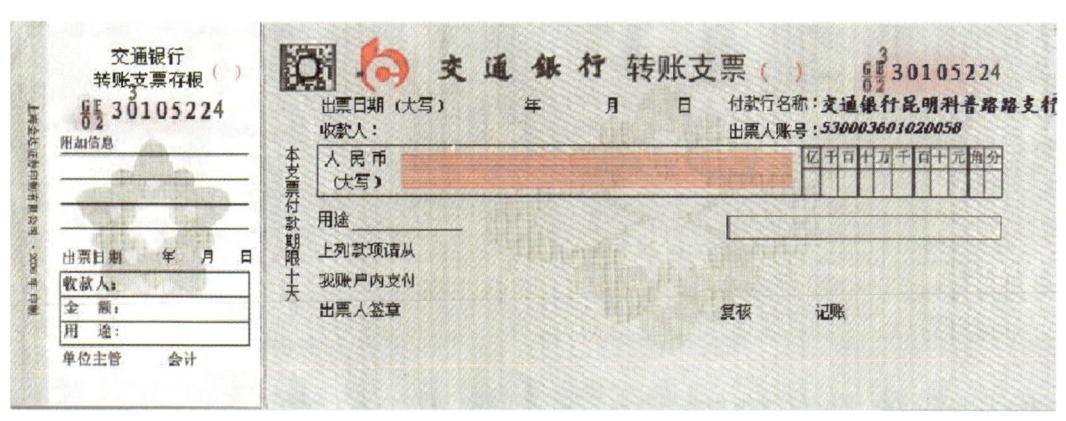

交通银行

2019年 12 月 15 日

收费凭条

付款人名称	云南泰亚铝业有限责任公司	付款人账号		530003601020058							
服务项目(凭证种类)	数量	工本费	手续费	小计							上述款项请从我账户中支付
				百	十	万	千	百	十	元	角	分	
代发放工资			¥500.00			¥	5	0	0	0	0	
合计			¥500.00			¥	5	0	0	0	0	预留印鉴:
金额 币种(人写)	任佰元整										

以下在购买凭证时填写

领购人姓名		领购人证件类型	
		领购人证件号码	

附加信息:	被背书人	（贴粘单处）
	背书人签章 年 月 日	

30-1

代扣款项表

部门		代扣款项						实发工资
		养老保险 8%	失业保险 0.3%	医疗保险 2%	住房公积金 8.5%	个人所得税	小计	
基本熔炉车间		7 011	264	1 752	7 449	935	17 411	70 225
基本铸棒车间	生产人员	8 762	332	2 192	9 311	1 321	21 918	87 627
	管理人员	3 450	128	864	3 665	452	8 559	34 561
基本铸锭车间	生产人员	8 754	324	2 187	9 303	1 314	21 882	87 548
	管理人员	3 439	128	860	3 655	448	8 530	34 470
辅助机修车间		5 257	198	1 314	5 586	702	13 057	52 670
行政部门		8 757	328	2 188	9 305	1 316	21 894	87 586
销售部门		7 146	268	1 787	7 593	1 575	18 369	70 951
合计		52 576	1 970	13 144	55 867	8 063	131 620	525 638

制表:李民

31-1

社保基金和住房公积金费用分配表

部门		应付工资	应扣款项				合计
			养老保险 16%	医疗保险 10%	失业保险 0.7%	住房公积金 8.5%	
基本熔炉车间		87 636	14 022	8 763.60	613	7 449	30 847.6
基本铸棒车间	生产人员	109 545	17 527	10 954.50	767	9 311	38 559.5
	管理人员	43 120	6 899	4 312.00	301	3 665	15 177
基本铸锭车间	生产人员	109 430	17 509	10 943.00	766	9 303	38 521
	管理人员	43 000	6 880	4 300.00	301	3 655	15 136
辅助机修车间		65 727	10 516	6 572.70	460	5 586	23 134.7
行政部门		109 480	17 517	10 948.00	766	9 305	38 536
销售部门		89 320	14 291	8 932.00	625	7 593	31 441
合计		657 258	105 161	65 725.80	4 599	55 867	231 352.8

领导审批:付艳　　　　　　　　　　　　　　　　　　　制表:李民

32-1

住房公积金汇（补）缴款书

2019 年 12 月 16 日　　附清册　　张

缴款单位	全称	云南泰亚铝业有限责任公司	收款单位	全称	云南泰亚铝业有限责任公司公积金专户
	账号	530003601020058		账号	530003601026688
	开户银行	中国交通银行昆明科普支行		开户银行	中国交通银行昆明科普支行

缴款金额					百	十万	千	百	十	元	角	分
人民币（大写）壹拾壹万壹仟柒佰叁拾肆圆整				¥		1	1	1	7	3	4	0	0

上月汇款		本月增加汇款		本月减少汇款		本月汇缴 111 734.00	
人数	金额	人数	金额	人数	金额	人数	金额

公积金累计余额（大写）

（昆明市社保章）

备注：交通银行昆明科普路支行 2019.12.16 模拟转讫(9)

（市住房公积金中心盖章）

32-2

交通银行 转账支票存根　GF02 30105225

附加信息

出票日期　年　月　日
收款人：
金　额：
用　途：
单位主管　　会计

交通银行 转账支票（ ）　GF02 30105225

出票日期（大写）　年　月　日　　付款行名称：交通银行昆明科普路支行
收款人：　　　　　　　　　　　　出票人账号：530003601020058
人民币（大写）　　　　　　　　　亿 千百十万千百十元角分

用途：_____

上列款项请从我账户内支付

本支票付款期限十天

出票人签章　　　　　　　　复核　　记账

附加信息:	被背书人	（贴粘单处）
	背书人签章 年 月 日	

33-1

项目	单位交付金额	个人交付金额	合计
养老保险	105 161	52 576	157 737
失业保险金	4 599	1 970	6 569
基本医疗保险金	65 725.8	13 144	78 869.8
合计	175 485.8	67 690	243 175.8

33-2

社 会 保 险 费 申 报 表

单位类型： 企业　　**填表日期：** 2019年 12月 16日　　**代征机构：** 昆明市社保局

缴费单位	代码	530011159010123456	职工情况	总数		
	名称	云南泰亚铝业有限责任公司		其中	城合	
	开户银行	中国交通银行昆明科普支行			农合	
	开户方式				挂靠	
	缴费方式	支票			个体	
单位工资总额			费款所属日期		2019年 12月	
单位基数总额			个人工资总额			

险种标志	单位缴费			个人缴费			缴费合计（元）
	缴费费率（%）	缴费金额（元）	缴费基数	缴费费率（%）	缴费金额（元）		
养老保险	16	105 161	657 258	8	52 576		157 737
失业保险金	0.7	4 599		0.3	1 970		6 569
基本医疗保险金	10	65 725.8		2	13 144		78 869.8
合计：		175 485.8			67 690		243 175.8

合计金额（人民币） 贰拾肆万叁仟壹佰柒拾伍元捌角

备注：

缴费单位（盖章）　　征缴机构（盖章）
经办人（章）

34-1

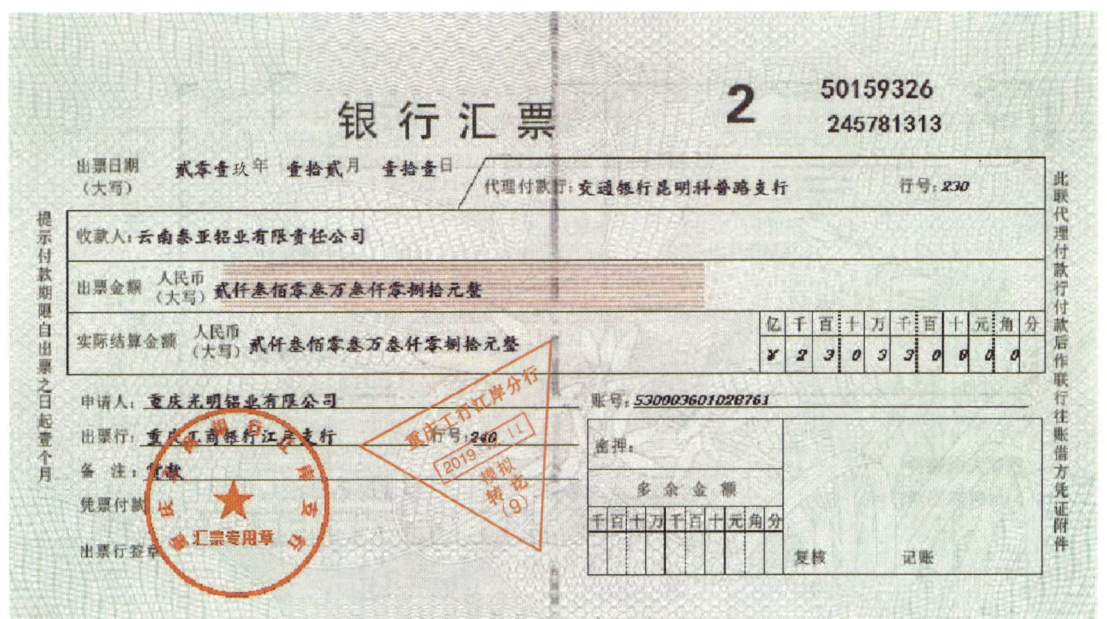

34-2

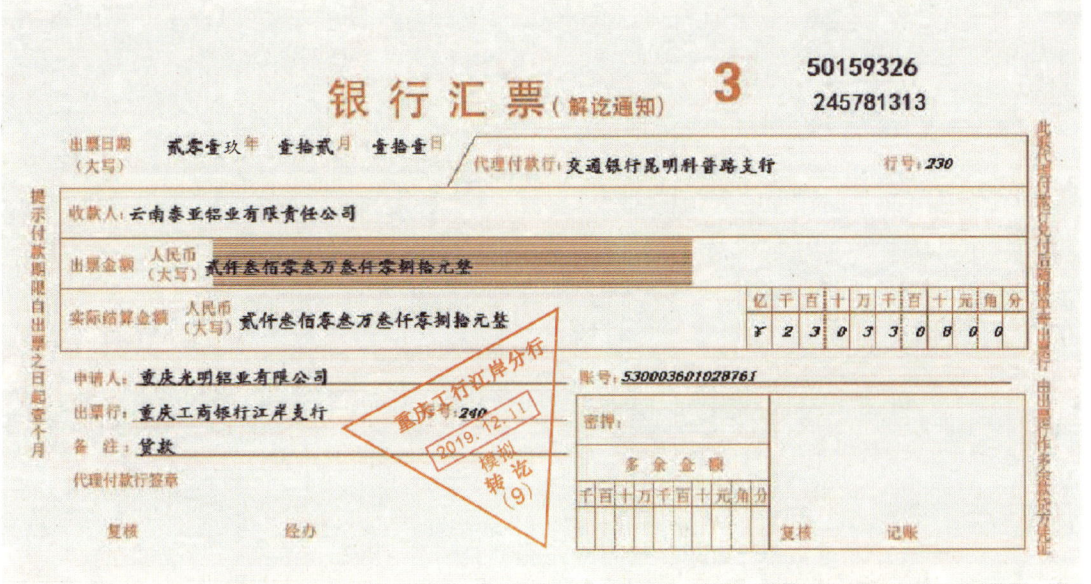

34-3

增值税专用发票

5300133140　　№ 0114649

此联不作报销和抵扣凭证使用　　开票日期：

| 购货单位 | 名　　称：
纳税人识别号：
地　址、电　话：
开户行及账号： | 密码区 | 3-65745<19458<3840481
75/37503848*7>+>-2//5
>*8574567-7<8*873/+<4
13-3001152-/>7142>>8- | 加密版本：01
5300133140
0114649 |

货物或应税劳务名称	规格型号	单位	数量	单价	金额	税率	税额

合　计

价税合计(大写)　　⊗　　　　　　　　　　(小写)

| 销货单位 | 名　　称：
纳税人识别号：
地　址、电　话：
开户行及账号： | 备
注 | |

收款人：　　复核：　　开票人：　　销货单位：(章)

第一联：记账联　销货方记账凭证

34-4

交通银行　进账单　(回　单)　1

年　月　日

出票人	全　称		收款人	全　称	
	账　号			账　号	
	开户银行			开户银行	

| 金额 | 人民币
(大写) | | 亿 千 百 十 万 千 百 十 元 角 分 |

| 票据种类 | | 票据张数 | |
| 票据号码 | | | |

复核　　记账　　　　　　　　开户银行签章

此联是开户银行交给持票人的回单

34-5

产成品出库单

年　月　日　　　　　　　　　第　号

领用部门：　　　　　　　用途：

产品名称	规格型号	计量单位	出库数量	单位成本	总成本	备注

材料会计　　　　　　　销售经手人：　　　　　　仓库经手人：

35-1

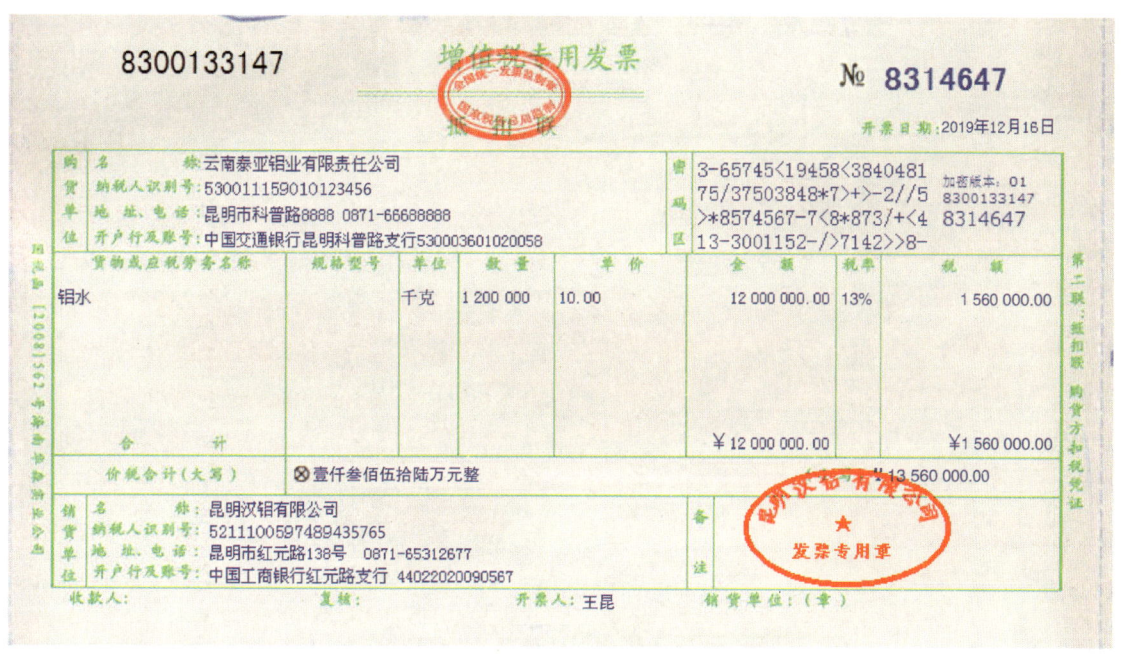

35-2

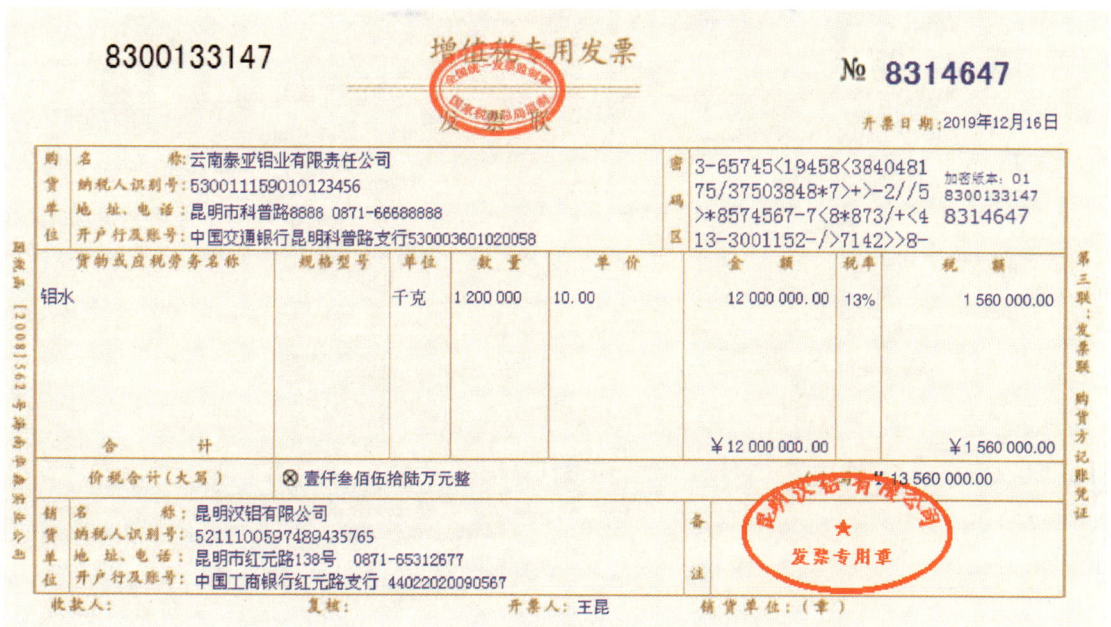

35-3

交通银行 转账支票存根 GE 02 30105223	交通银行 转账支票（ ） GH 02 30105223
附加信息	出票日期（大写） 年 月 日 付款行名称：交通银行昆明科普路路支行 收款人： 出票人账号：530003601020058
出票日期 年 月 日 收款人： 金额： 用途： 单位主管 会计	人民币 （大写） 亿千百十万千百十元角分 用途 上列款项请从 我账户内支付 出票人签章 复核 记账

35-4

收 料 单

供货单位　　　　　　　　　　　　年　月　日　　　　　　　　　　第　号

材料类别	名称及规格	计量单位	数量		实际成本		计划成本	
			应收	实收	单价	金额	单价	金额

质量检验：　　　　　　　　　　采购经手人：　　　　　　　　　　仓库经手人：

附加信息:	被背书人	（贴粘单处）
	背书人签章 年 月 日	

35-5

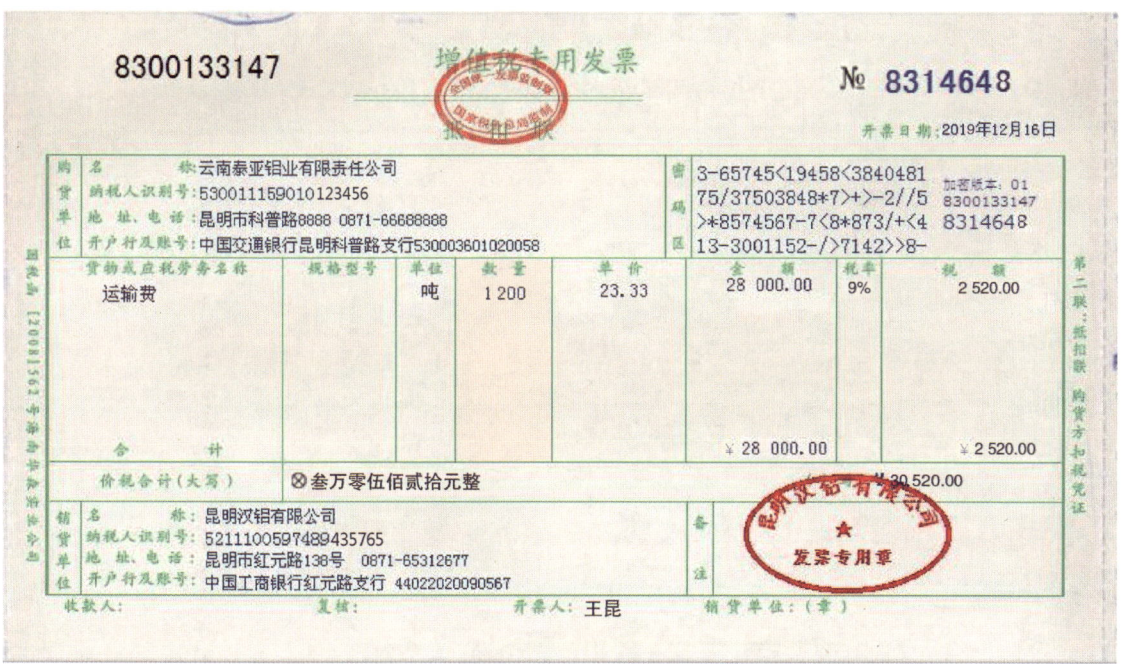

35-6

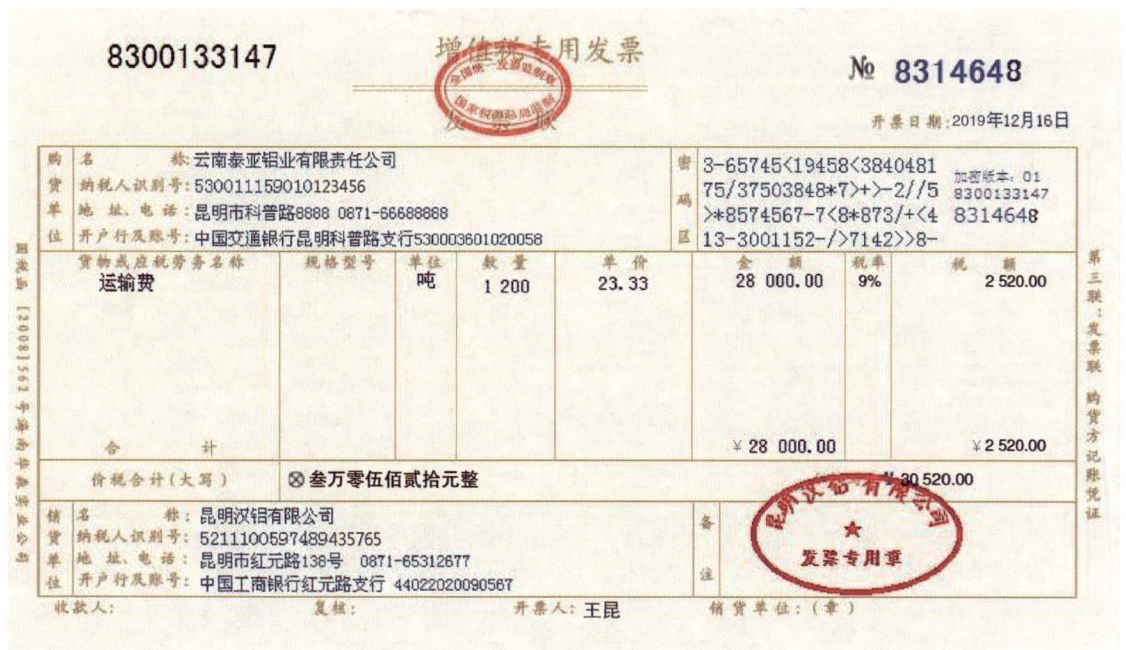

36-1

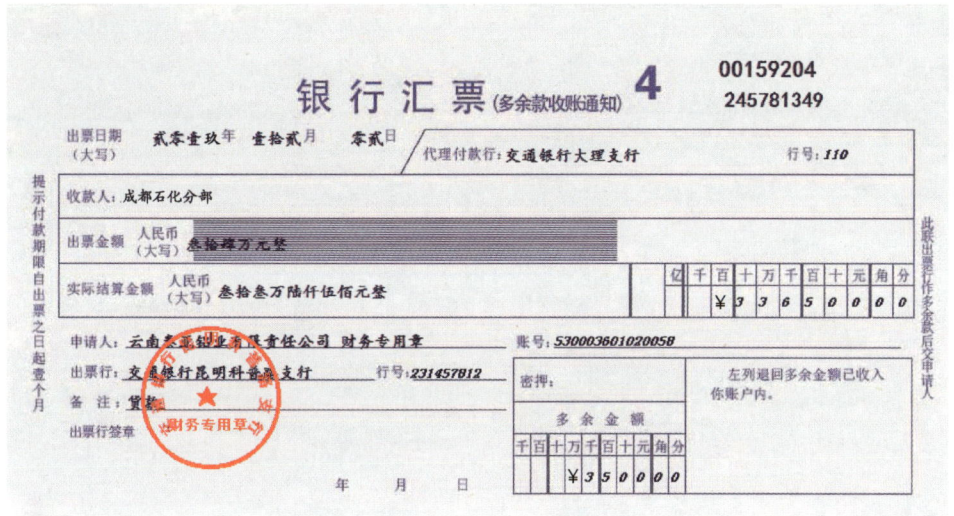

37-1

差旅费报销单
2019年12月15日

所属部门	销售部		姓名	张山		出差天数	自12月4日至12月13日共10天		
出差事由	开展销会				借旅支费	日期 2019-11-30	金额￥5 000.00		
						结算金额￥2 900.00			
出发		到达		起止地点	交通费	住宿费	伙食费	其他	
月	日	月	日						
12	04	12	04	昆明-北京	2 010.00		1 200.00	1 150.00	
12	13	12	13	北京-昆明	2 040.00	1 500.00			
				现金付讫					
		合计		零拾 零万 柒仟 玖佰 零拾 零元 零角 零分 ￥7 900.00					
总经理：刘向阳		财务经理：付艳		部门经理：李四	会计：	出纳：		报销人：张山	

37-2

还款凭证   第　号

借款日期：2019年12月12日

借款原因： 出差	借款人 签章：张山
借款 大写金额 人民币伍仟元整 ￥：5 000.00	左列数项已于12月15日全部结清 报销数 ￥7 900.00 退还数 ￥0 补付数 ￥2 900.00

还款记账凭证

38-1

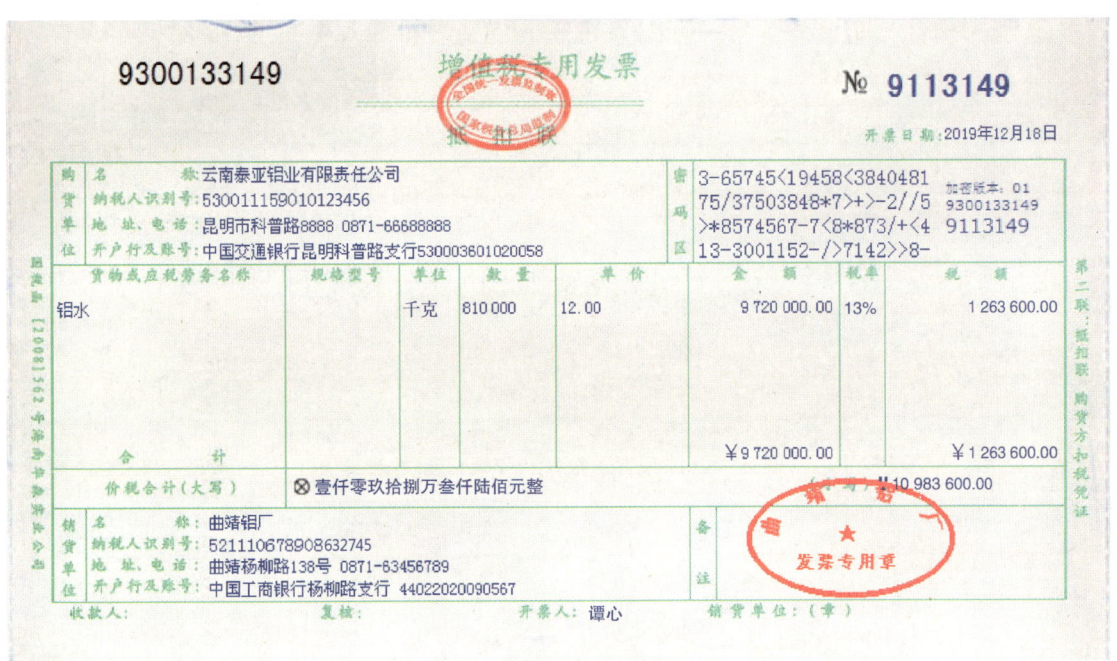

38-2

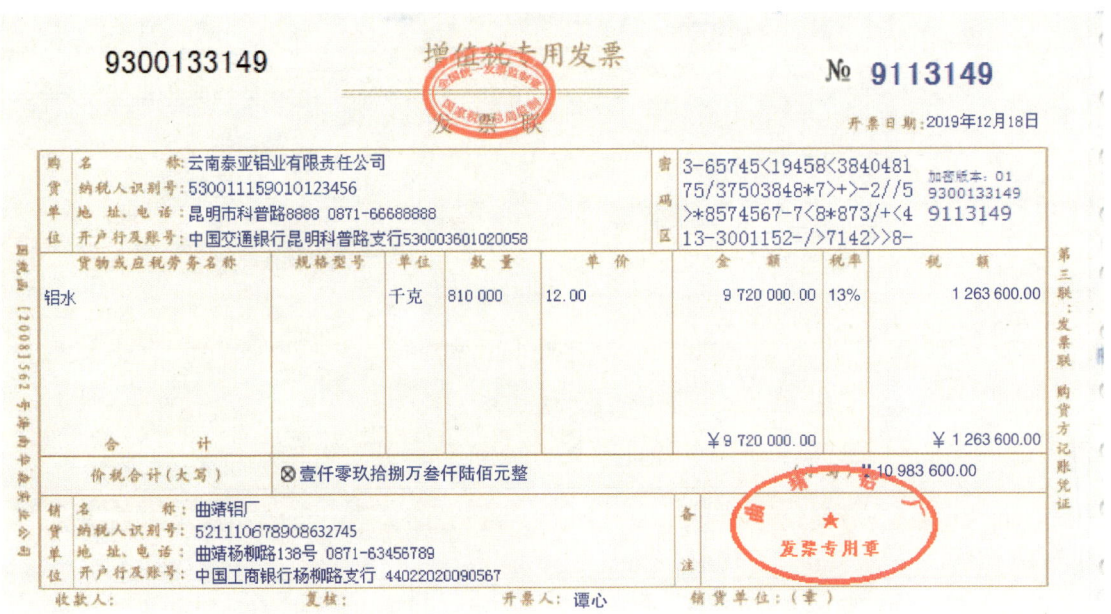

38-3

商业承兑汇票 2

xx000000

出票日期
（大写） 贰零壹玖年 壹拾贰月 壹拾捌日

付款人	全称	云南泰亚铝业有限责任公司	收款人	全称	曲靖铝厂
	账号	530003601020058		账号	44022020094356
	开户银行	中国交通银行昆明科普路支行		开户银行	中国工商银行杨柳路支行

出票金额	人民币（大写）	壹仟零玖拾捌万叁仟陆佰元整	亿千百十万千百十元角分 ¥ 1 0 9 8 3 6 0 0 0 0

汇票到期日（大写）

付款人开户行　行号　地址

交易合同号码

云南泰亚铝业
有限责任公司
财务专用章

本汇票已经承兑，到期无条件支付票款。　本汇票请予以承兑了到期日付款

承兑人签章

承兑日期　年　月　日　　　　　　　　　　　出票人签章

此联持票人开户行随托收凭证寄付款人开户行作借方凭证附件

38-4

收 料 单

供货单位　　　　　　　　　年　月　日　　　　　　　第　号

材料类别	名称及规格	计量单位	数量		实际成本		计划成本	
			应收	实收	单价	金额	单价	金额

质量检验：　　　　　　　　　　采购经手人：　　　　　　　　　　仓库经手人：

38-5

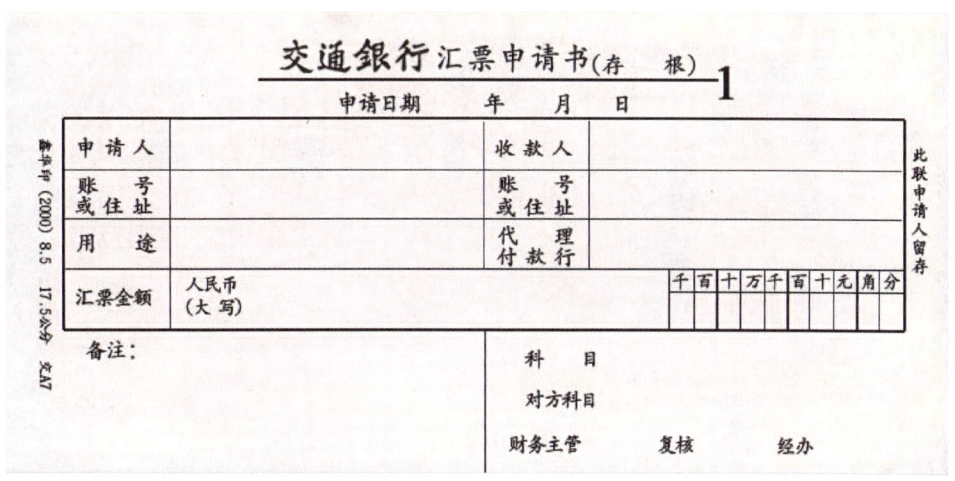

被背书人	被背书人	被背书人	
背书	背书	背书	（贴粘单处）
年　月　日	年　月　日	年　月　日	

交通银行托收凭证（第五联）

委托日期：2019 年 12 月 14 日　　　　票据号码：

业务类型	委托收款（邮划　电划　）			托收承付（邮划 ✓　电划　）			
付款人	全称	上海博兴贸易公司		收款人	全称	云南泰亚铝业有限责任公司	
	账号	021000065653321			账号	530003601020058	
	地址	上海市南京路987号	开户银行	建行南京路支行	地址	昆明市科普路8888号	开户银行	交通银行昆明科普路支行

托收金额	人民币（大写）	贰佰壹拾万捌仟玖佰捌拾元整	亿	千	百	十	万	千	百	十	元	角	分
			¥			2	1	0	8	9	8	0	0	0

款项内容	货款及运费	委托收款凭证名称	增值税发票及运费发票	附寄单证张数	3
商品发运情况	已发	合同名称号码	购销合同 2019-6-20		
收款人行号	5222552	款项收妥日期 2019年12月20日	收款人开户银行盖章 2019年12月20日		

（交通银行科普路支行 2019.12.14 模拟收讫(9)）

托收承付结算全部/部分拒绝承付理由书

拒付日期：2019 年 12 月 21 日　　　　原托收号码

付款人	全称	重庆光明铝业有限公司	收款人	全称	云南泰亚铝业有限责任公司
	账号	0220215465589		账号	530003601020058
	开户银行	中国银行重庆支行		开户银行	中国工商银行昆明科普路支行

原托金额	10 000	拒付金额	10 000	部分承付金额	0
附寄单证	1	部分承付金额（大写）	零元		

拒付理由：合同规定运杂费由卖方承担
银行意见：根据合同，同意拒付

2019 年 12 月 21 日

（中国银行五一路支行重庆 2019.12.21 模拟付讫(9)）

应收账款坏账处理申请书

申请公司			
欠款单位			
业务发生时间		欠款金额	
原经办人		现责任人	
坏账形成原因			
处理意见	部门主管		
	财务部		
	企业负责人		
审计部意见			
财务部意见			
公司主管意见			
总经理意见			

附加信息:	被背书人
	背书人签章 年 月 日

（贴粘单处）

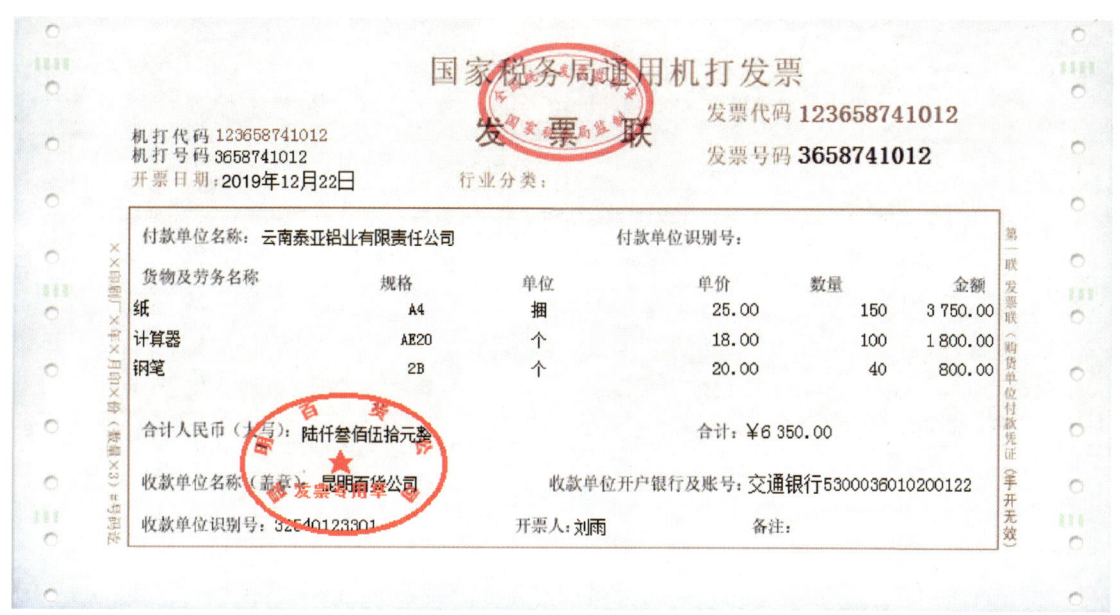

费用分配表

2019 年 12 月 22 日

使用部门	分配标准	分配率	分配金额	
熔炉车间			1 100.00	
铸棒车间			900.00	
铸锭车间			1 600.00	
机修车间			950.00	
行政部门			1 800.00	
合计			6 350.00	

制表人：张迪

43-1

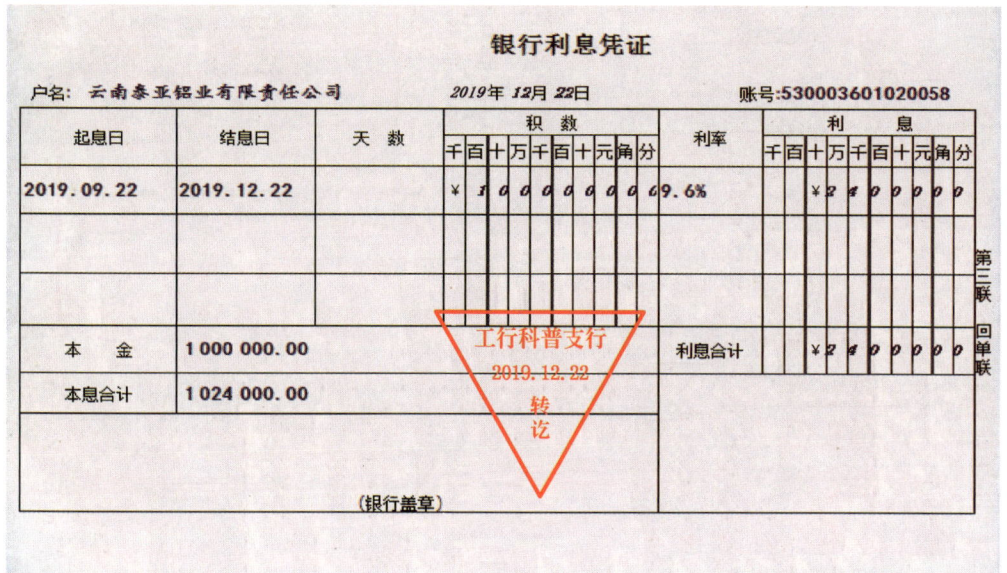

44-1

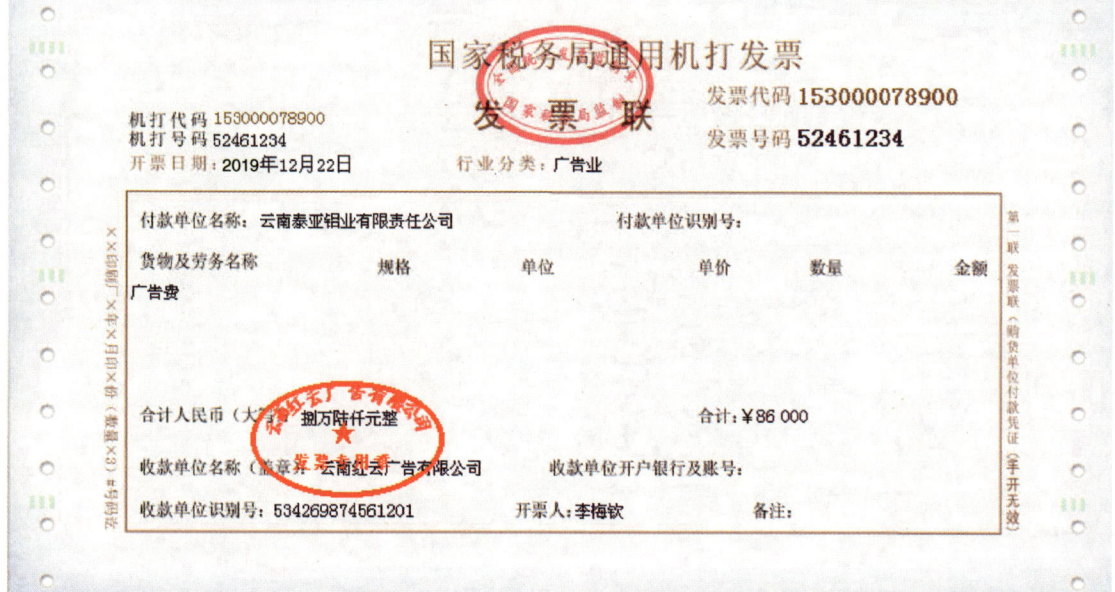

44-2

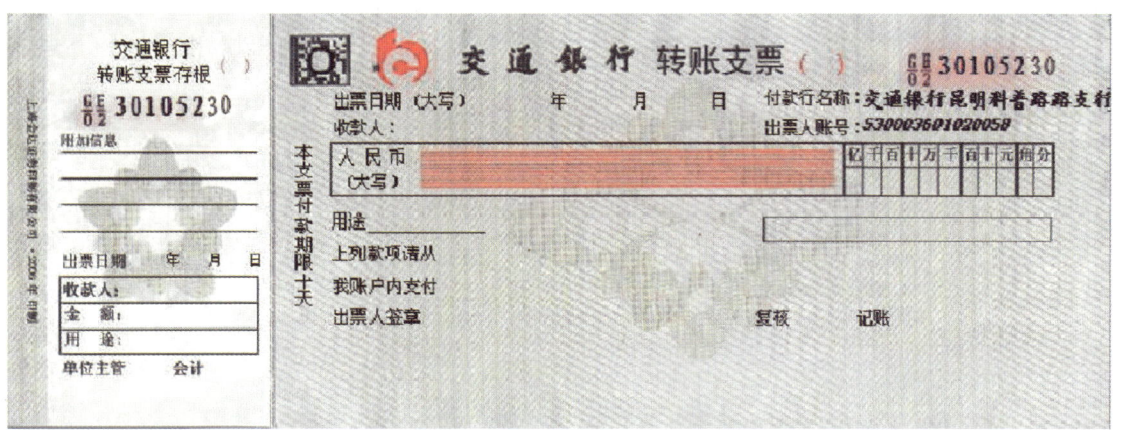

45-1

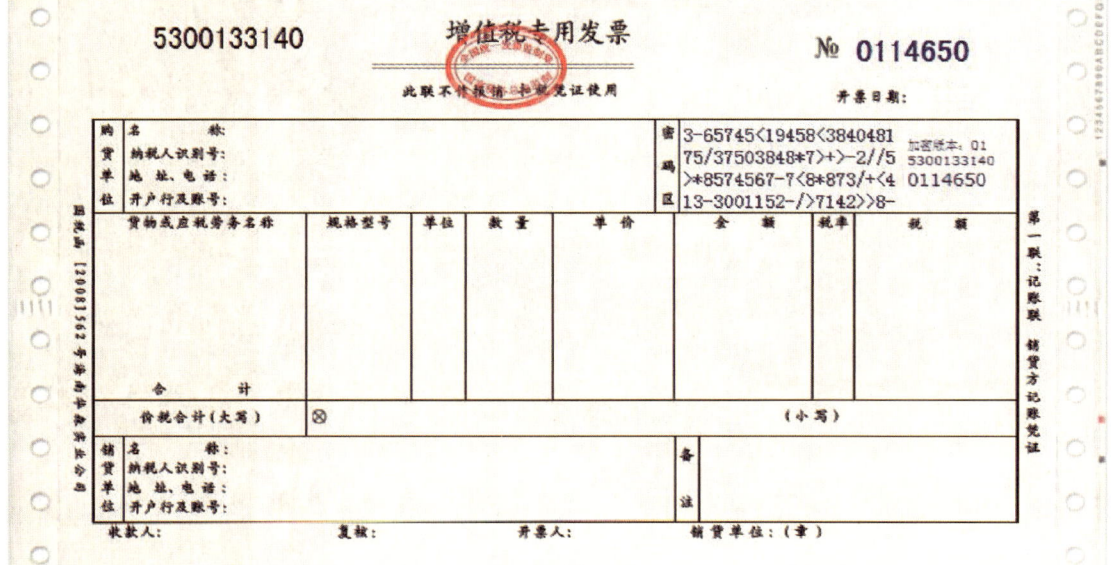

45-2

附加信息：	被背书人	（贴粘单处）
	背书人签章 年 月 日	

附加信息：	被背书人	（贴粘单处）
	背书人签章 年 月 日	

45-3

交通银行 进账单 （回 单） 1

年　月　日

出票人	全 称		收款人	全 称											此联是开户银行交给持票人的回单
	账 号			账 号											
	开户银行			开户银行											
金额	人民币（大写）				亿	千	百	十	万	千	百	十	元	角	分
票据种类		票据张数													
票据号码															
	复核　　记账							开户银行签章							

45-4

产成品出库单

年　月　日　　　　　　　　　　　　　　　　　　　第　号

领用部门：　　　　　　　　　　用途：

产品名称	规格型号	计量单位	出库数量	单位成本	总成本	备注

材料会计：　　　　　　　　销售经手人：　　　　　　　仓库经手人：

46

交通银行（　　　）计付存款利息清单　（收款通知）

2019年 12月 21日

单位名称：云南泰亚铝业有限责任公司

结算账号：530003601020058　　　　存款账号：

编号	计息类型	计息起讫日期	计息积数	利率	利息金额
		2019.09.21-2019.12.21	280 692.86	0.35%	9 824.25

摘要：上例存款利息已经收入你公司530003601020058账户内

金额合计：¥9 824.25

金额合计（大写）：玖仟捌佰贰拾肆元贰角伍分

复核　　　　　　　记账

（印章：交通银行昆明 霖雨路支行 2019.12.21 模拟付讫(9)）

47-1

47-2

产成品出库单

年　月　日　　　　　　　　　　　　　　　　第　　号

领用部门：　　　　　　　　　　　用途：

产品名称	规格型号	计量单位	出库数量	单位成本	总成本	备注

材料会计：　　　　　　　　　　销售经手人：　　　　　　　　仓库经手人：

47-3

托收凭证（受理回单）

委托日期　年　月　日

| 业务类型 | 委托收款（□邮划、□电划） | 托收承付（□邮划、□电划） |

付款人：全称／账号／地址　省　市县　开户行
收款人：全称／账号／地址　省　市县　开户行

金额　人民币（大写）　亿千百十万千百十元角分

款项内容／托收凭据名称／附寄单证张数

商品发运情况／合同名称号码

备注：

复核　记账　年　月　日　　收款人开户银行签章　年　月　日

此联作收款人开户银行给收款人的受理回单

云南泰亚铝业有限责任公司

付款申请单

2019年12月27日

付款单位：采购部门	申请人：王石
付款原因：采购外购	
付款方式：	支票（号）√　电汇　其他
付款金额：人民币（大写）壹佰叁拾伍万捌仟柒佰零玖元整	小写 ¥1 358 709.00
开户银行及账号：	
收款单位：四川汉铝有限公司	
单位负责人意见：刘向阳	申请人领款签字：王石
财务主管核批：付艳	出纳：李化明

银行付讫

48-2

银行承兑汇票

编号：68791083 / 20012355

出票日期（大写）	贰零壹玖年 壹拾贰月 壹拾柒日

出票人	全称	云南五化中铝有限责任公司	收款人	全称	云南泰亚铝业有限责任公司
	出票人账号	4402202009004450		账号	530003601020058
	付款行名称	交通银行昆明科普路支行		开户银行	交通银行昆明科普路支行

出票金额	人民币（大写） 壹佰万元整	￥1000000.00

汇票到期日（大写）	贰零贰零年零叁月壹拾柒日	付款行	行号	230
承兑协议编号	002		地址	昆明市科普路8888号

本汇票请示行承兑，到期无条件付款。

出票人签章：云南五化中铝有限责任公司 财务专用章
清 姚 印 长

承兑行签章：交通银行汇票专用章 2019年12月17日

备注 复核 记账

48-3

交通银行 转账支票存根 GE02 30105220

附加信息

出票日期　年　月　日
收款人：
金额：
用途：
单位主管　会计

交通银行 转账支票 GE02 30105220

出票日期（大写）	年　月　日	付款行名称：交通银行昆明科普路支行
收款人：		出票人账号：530003601020058

人民币（大写）　　　￥

用途
上列款项请从我账户内支付

出票人签章　　　复核　　记账

本支票付款期限十天

被背书人　四川汉铝有限公司	被背书人	被背书人
背书人签章 年　月　日	背书人签章 年　月　日	背书人签章 年　月　日

（贴粘单处）

附加信息：	被背书人
	背书人签章 年 月 日

（贴粘单处）

开具红字增值税专用发票通知单

填开日期：2019年12月29日　　　　　　　　　　　　NO. 1101017892388749

<table>
<tr><td rowspan="2">销售方</td><td>名　称</td><td colspan="2">云南泰亚铝业有限责任公司</td><td rowspan="2">购买方</td><td>名　称</td><td colspan="3">上海博兴贸易公司</td></tr>
<tr><td>税务登记代码</td><td colspan="2">530011159010</td><td>税务登记代码</td><td colspan="3">530068903640</td></tr>
<tr><td rowspan="10">开具红字专用发票内容</td><td>货物（劳务）名称</td><td>数量</td><td>单价</td><td colspan="2">金额</td><td>税率</td><td colspan="2">税额</td></tr>
<tr><td>铝棒</td><td></td><td></td><td colspan="2">-179 400.00</td><td>13%</td><td colspan="2">-23 322.00</td></tr>
<tr><td></td><td></td><td></td><td colspan="2"></td><td></td><td colspan="2"></td></tr>
<tr><td></td><td></td><td></td><td colspan="2"></td><td></td><td colspan="2"></td></tr>
<tr><td></td><td></td><td></td><td colspan="2"></td><td></td><td colspan="2"></td></tr>
<tr><td></td><td></td><td></td><td colspan="2"></td><td></td><td colspan="2"></td></tr>
<tr><td></td><td></td><td></td><td colspan="2"></td><td></td><td colspan="2"></td></tr>
<tr><td></td><td></td><td></td><td colspan="2"></td><td></td><td colspan="2"></td></tr>
<tr><td></td><td></td><td></td><td colspan="2"></td><td></td><td colspan="2"></td></tr>
<tr><td>合计</td><td>——</td><td>——</td><td colspan="2">-179 400.00</td><td>——</td><td colspan="2">-23 322.00</td></tr>
<tr><td rowspan="2">说明</td><td colspan="8">
一、购买方申请　□
　　对应蓝字专用发票抵扣增值税销项税额情况：
　　　　1. 已抵扣□
　　　　2. 未抵扣□
　　　　　　（1）无法认证□
　　　　　　（2）纳税人识别号认证不符□
　　　　　　（3）增值税专用发票代码、号码认证不符□
　　　　　　（4）所购货物不属于增值税扣税项目范围□
　　　　对应蓝字专用发票密码区内打印的代码：_____
　　　　　　　　　　　　　　　　　　　　　号码：_____
</td></tr>
<tr><td colspan="8">
二、销售方申请　✓
　　　　（1）因开票有误购买方拒收的 ✓
　　　　（2）因开票有误等原因尚未交付的 □
　　　　对应蓝字专用发票密码区内打印的代码：_____
　　　　　　　　　　　　　　　　　　　　号码：_____
　　开具红字专用发票理由：出现质量问题
</td></tr>
</table>

申明：我单位提供的《申请单》内容真实，否则将承担相关法律责任。

申请方经办人：王华　　　联系电话：　　　　申请方名称（印章）：_____

注：本申请单一式两联：第一联，申请方留存；第二联，申请方所属主管税务机关留存。

49-2

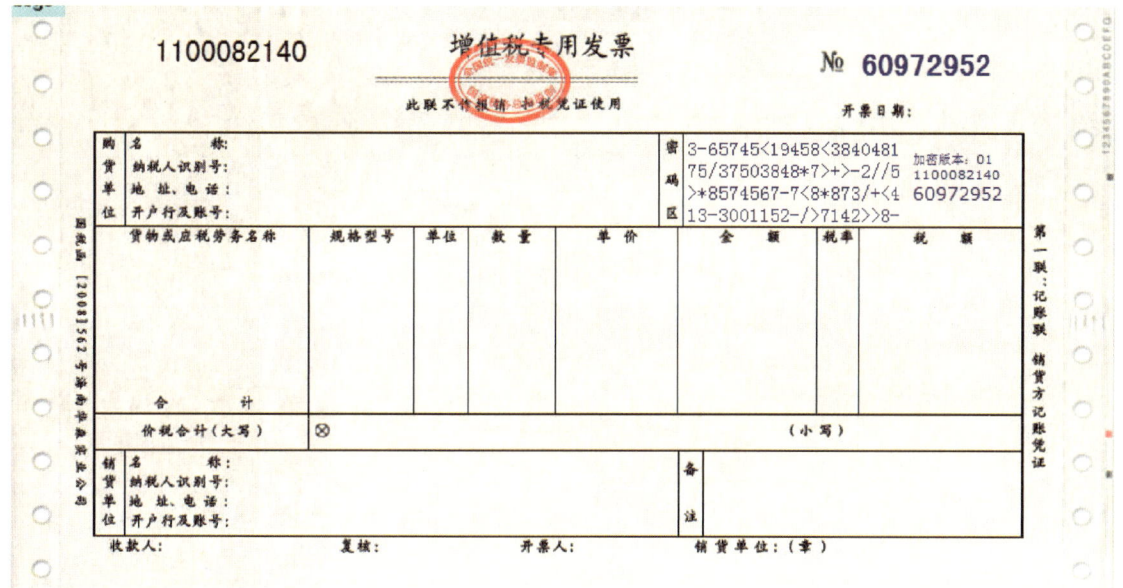

50-1

固定资产报废单

2019 年 12 月 29 日　　　　　凭证编号：003

固定资产名称及编号	规格型号	单位	数量	购买日期	已计提折旧月数	原始价值	已提折旧	备注
小轿车		辆	1	2004	119	332 000	213 600	
固定资产状况及报废原因	已经到使年限							
处理意见	使用部门		技术鉴定小组		固定资产管理部门		主管部门审批	
	申请报废				总经办		同意报废　刘向阳	

审核：财务总监　　　　制单：薛民

50-2

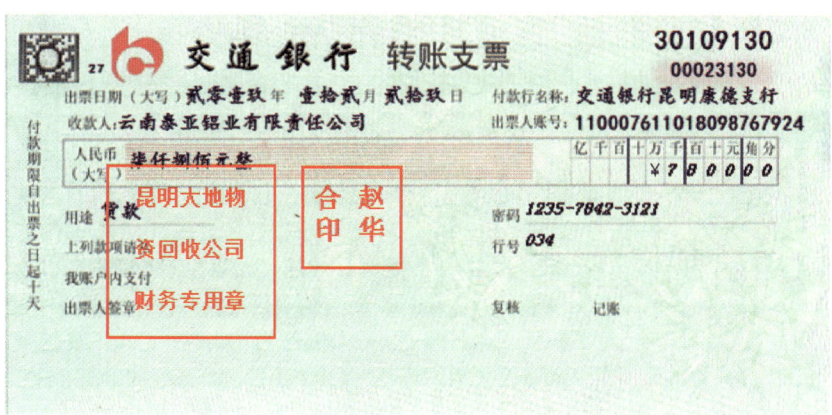

附加信息:	被背书人
	背书人签章 年 月 日

（贴粘单处）

50-3

收款收据
2019年12月29日 NO.00490021

今 收 到 云南泰亚铝业有限责任公司

交 来：运费   现金收讫

云南大地物流有限责任公司
财务专用章

金额（大写） 零拾 零万 零仟 壹佰 伍拾 零元 零角 零分

¥ 150.00 ☑现金 □支票 □信用卡 □其他

收款单位（盖章）

核准   会计   记账   出纳   经手人 赵言

50-4

交通银行 进账单 （回 单）   1

年 月 日

出票人	全 称		收款人	全 称	
	账 号			账 号	
	开户银行			开户银行	

金额 人民币（大写） 亿千百十万千百十元角分

票据种类   票据张数
票据号码

复核   记账   开户银行签章

此联是开户银行交给持票人的回单

50-5

收款收据
年 月 日   NO.10951065

今 收 到＿＿＿＿＿＿＿＿＿＿＿＿＿＿＿＿

交 来：＿＿＿＿＿＿＿＿＿＿＿＿＿＿＿＿

金额（大写） 拾 万 仟 佰 拾 元 角 分

¥＿＿＿＿ ☑现金 □支票 □信用卡 □其他

收款单位（盖章）

核准   会计   记帐   出纳   经手人

第一联存根

固定资产验收单

2019年 12月 30日　　　　　　　　　　　编号：

名　称	规格型号	来　源	数　量	购（造）价	使用年限	预计残值
回水池			1	459 000.00		
安装费	月折旧率	建造单位	交工日期 2014年 12月 30日	附件		
验收部门		验收人员		管理部门		管理人员
备注						

审核：向阳　　　　制单：李民

交通银行

资金汇划（贷方）补充凭证　　回单　　（渡）记账凭证

行名：　　　　　　　　　　　　　　　　　　　　　　　　收报日期：2019-12-30

业务种类：汇兑　　　　　　　处理方向：汇出汇款多余额记账

收款人账号：530003601020058　　　　　付款人账号：531002487524872

收款人户名：云南泰巩铝业有限责任公司

付款人户名：云南高昌公司

大写金额：伍万元整

小写金额：　50 000

发报流水号：　0024571　　　　　　　　收报流水号：0001359

发报行行名：昆明大桥管理处　　　　　　收报行行名：交通银行昆明科普路支行

发报日期：　2019-12-29　　　　　　　　打印次数：

补转副本标志：

汇票号码：　　　　　　　　　　　　　　出票日期：

出票金额（小写）：　　　　　　　　　　汇票余款金额（小写）：

用途：货款

银行附言：

客户附言：

收电：　　　　　　记账：　　　　　　复核：

（交通银行昆明科普路支行 2019.12.30 模拟转讫(9)）

53-1

库存现金清查盘点报告

单位名称：　　　　　　　　　　　　　年　月　日　　　　　　　　　　　　金额单位：

实存金额	账面余额	盘盈金额	盘亏金额	备注

现金出纳：　　　　　　　　　　　监盘人：　　　　　　　　　　　制表人：

54-1

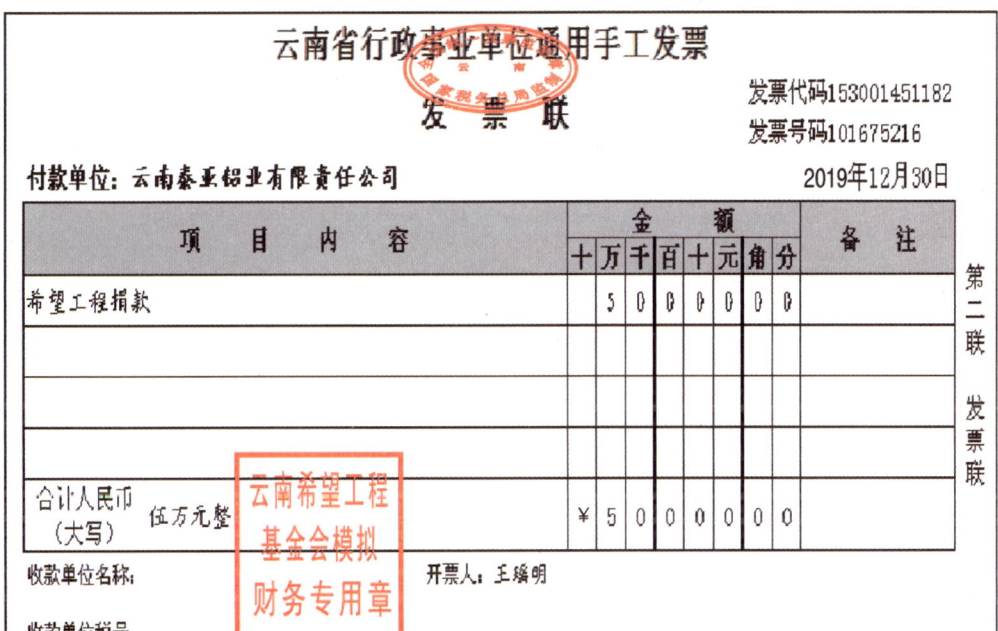

54-2

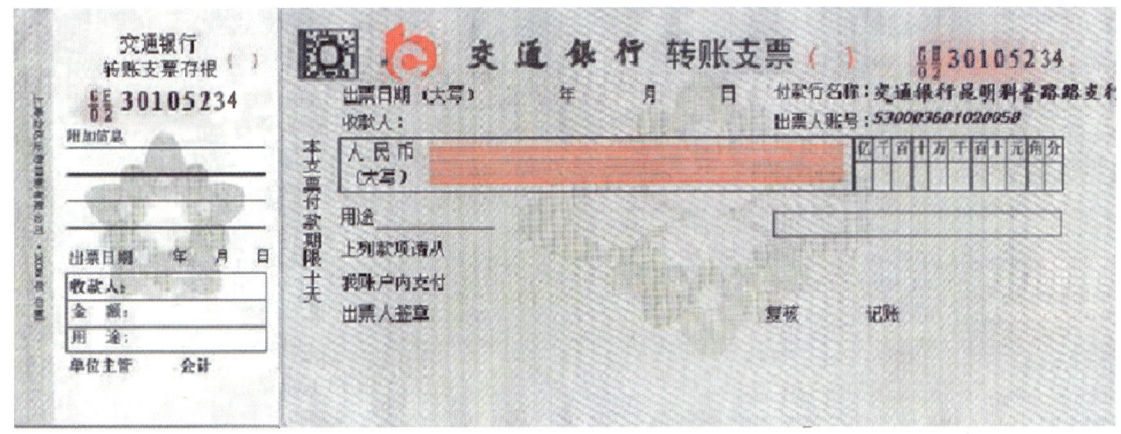

附加信息:	被背书人	（贴粘单处）
	背书人签章 年 月 日	

债务重组协议

甲方：重庆光明铝业有限公司

乙方：云南泰亚铝业有限责任公司

乙方同意甲方以其一台网络服务器（固定资产）抵偿债务，该服务器的历史成本50 000元，累计折旧18 500元，评估确认的原价为40 000元，评估确认的净价为30 000元（抵偿该公司40 000元应收款），债务重组后，双方仍保持贸易往来。

甲方：重庆光明铝业有限公司

法定代表人签字：刘向阳

乙方：云南泰亚铝业有限责任公司

法定代表人签字：京诗嵋

增值税专用发票

No 60972952

开票日期：2019年12月27日

购货单位	名称：云南泰亚铝业有限责任公司 纳税人识别号：530011159010123456 地址、电话：昆明市科普路8888号 0871-68688888 开户行及账号：中国交通银行银行昆明科普路支行 530003601020058	密码区	3-65745<19458<3840481 75/37503848*7>+>-2//5 >*8574567-7<8*873/+<4 13-3001152-/>7142)>8-

货物或应税劳务名称	规格型号	单位	数量	单价	金额	税率	税额
取暖器		台	20	250.00	5 000.00	13%	650.00
合计					¥5 000.00		¥650.00

价税合计（大写）：伍仟陆佰伍拾元整　　￥5 650.00

销货单位	名称：昆明国美电器有限公司 纳税人识别号：530011159650126871 地址、电话：昆明市广福路555号 0871-68128888 开户行及账号：中国交通银行广福支行 530003601043230	备注	

收款人：　　复核：　　开票人：李民　　销货单位：（章）

56-2

增值税专用发票

No 60972952

1100082140

开票日期：2019年12月27日

| 购货单位 | 名称：云南泰亚铝业有限责任公司
纳税人识别号：530011159010123456
地址、电话：昆明市科普路8888号 0871—66688888
开户行及账号：中国交通银行银行昆明科普路支行 530003601020058 | 密码区 | 3-65745<19458<3840481
75/37503848*7)+)-2//5
>*8574567-7<8*873/+<4
13-3001152-/>7142>>8- | 加密版本：01
1100082140
60972952 |

货物或应税劳务名称	规格型号	单位	数量	单价	金额	税率	税额
取暖器		台	20	250.00	5 000.00	13%	650.00
合计					￥5 000.00		￥650.00

价税合计（大写）：伍仟陆佰伍拾元整 ￥5 650.00

| 销货单位 | 名称：昆明国美电器有限公司
纳税人识别号：530011159650126871
地址、电话：昆明市广福路555号 0871-68128888
开户行及账号：中国交通银行广福支行 530003601043230 | 备注 | （发票专用章） |

收款人： 复核： 开票人：李民 销货单位：（章）

56-3

交通银行 转账支票

交通银行 转账支票存根 3 30105226
GF02 30105226

出票日期（大写） 年 月 日 付款行名称：交通银行昆明科普路路支行
收款人： 出票人账号：530003601020058

人民币（大写）：

用途：
上列款项请从
我账户内支付
出票人签章 复核 记账

本支票付款期限十天

出票日期 年 月 日
收款人：
金　额：
用　途：
单位主管　　会计

附加信息:	被背书人	（贴粘单处）
	背书人签章 年 月 日	

57-1

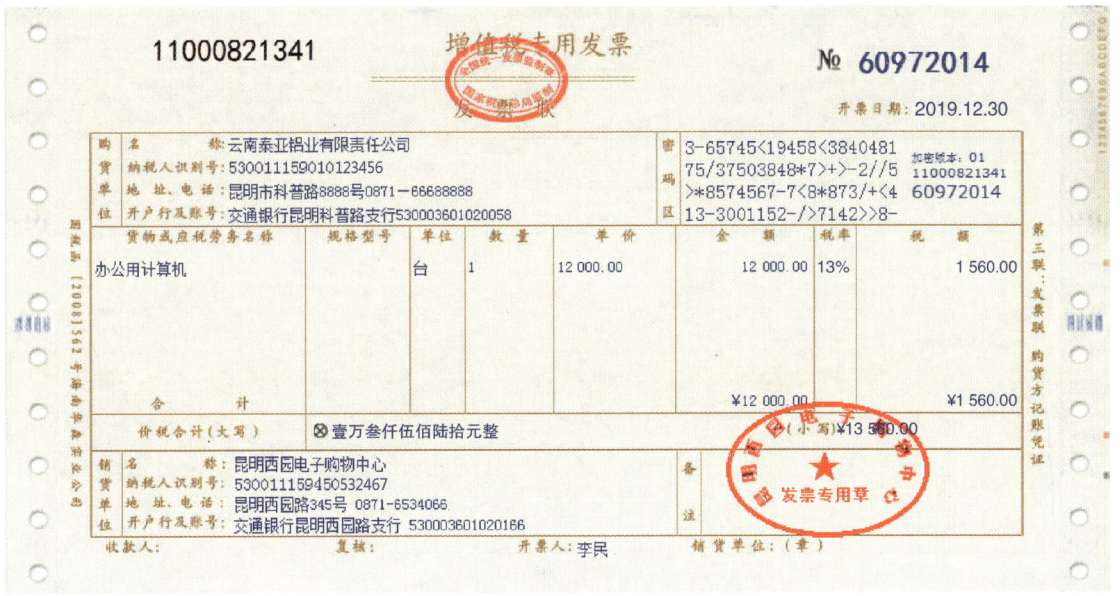

57-2

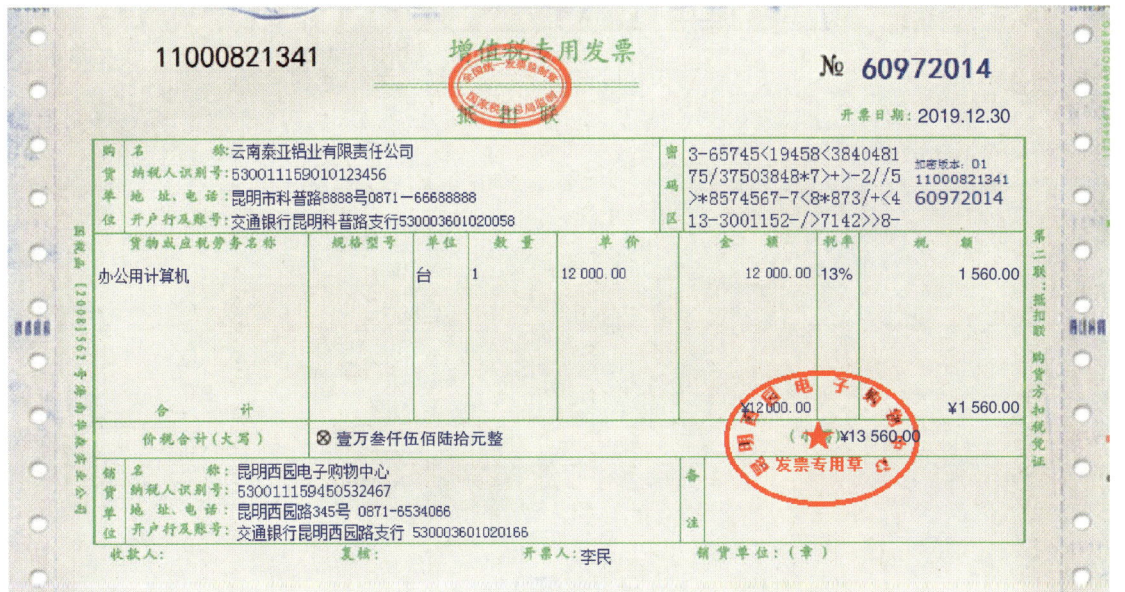

57-3

银行电汇凭证（回单）

委托日期　年　月　日

汇款人	全称		收款人	全称	
	账号			账号	
	汇出地点	省　　市/县		汇入地点	省　　市/县
	汇出行名称			汇入行名称	

金额	人民币（大写）	亿 千 百 十 万 千 百 十 元 角 分

支付密码

附加信息及用途：

汇出行签章

此联汇出行给汇款人的回单

58-1

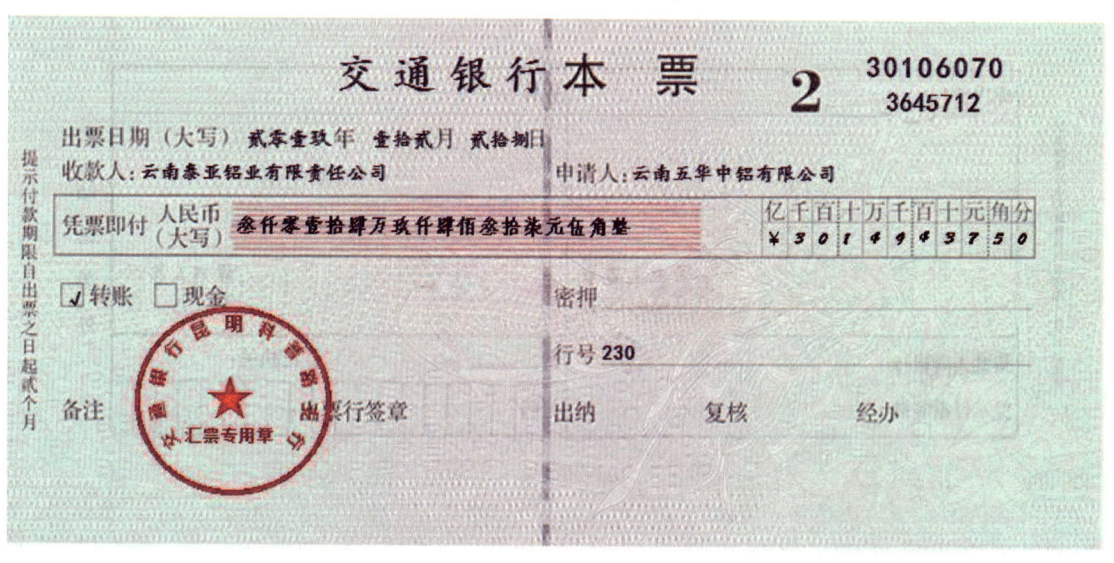

58-2

增值税专用发票

5300133140　　　　　　　　　　　　　　　No 0114652

此联不作报销和抵扣凭证使用　　　　开票日期：

购货单位	名　称：							
	纳税人识别号：							
	地　址、电话：							
	开户行及账号：							

密码区：
3-65745<19458<3840481
75/37503848*7>+>-2//5
>*8574567-7<8*873/+<4
13-3001152-/>7142>>8-

加密版本 01
5300133140
0114652

第一联：记账联 销货方记账凭证

货物或应税劳务名称	规格型号	单位	数量	单价	金　额	税率	税　额
合　　计							
价税合计(大写)	⊗				(小写)		

销货单位	名　称：		备注
	纳税人识别号：		
	地　址、电话：		
	开户行及账号：		

收款人：　　　复核：　　　开票人：　　　销货单位：(章)

58-3

产成品出库单

　　　　　　　　　　　　　　　　　　　　　　　　　　第　号

领用部门：　　　　　　　年　月　日　　　　　　用途：

产品名称	规格型号	计量单位	出库数量	单位成本	总成本	备注

材料会计：　　　　　　　销售经手人：　　　　　　　仓库经手人：

58-4

交通银行 进账单（回单） 1

年　月　日

出票人	全　称		收款人	全　称	
	账　号			账　号	
	开户银行			开户银行	

金额	人民币（大写）		亿 千 百 十 万 千 百 十 元 角 分

票据种类		票据张数	
票据号码			

复核　　记账　　　　　　　　　　　　开户银行签章

此联是开户银行交给持票人的回单

59-1

折旧费计提表

2019年12月　　　　　　　　　　　　　　　　单位：元

使用部门	固定资产类别					折旧额
	房屋及建筑物	生产设备	运输设备	管理设备	合　计	
管理部门	3 653 215	456 000	2 358 900	653 900	7 122 015	42 983
熔炉车间	14 569 110	521 300		136 500	15 226 910	33 432
铸棒车间	22 365 900	8 561 200	135 600		31 062 700	71 636
铸锭车间	45 697 200	9 546 200	256 000		55 499 400	122 337
机修车间	369 500	35 486			404 986	845
合　计	86 654 925	19 120 186	2 750 500	790 400	109 316 011	271 233

60-1

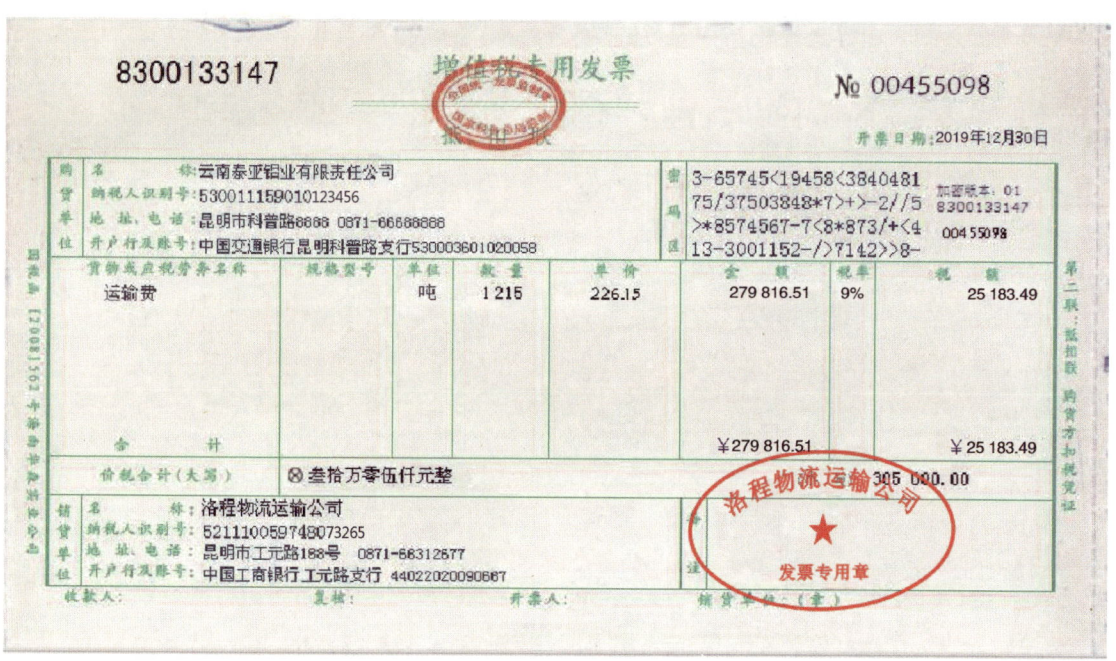

60-2

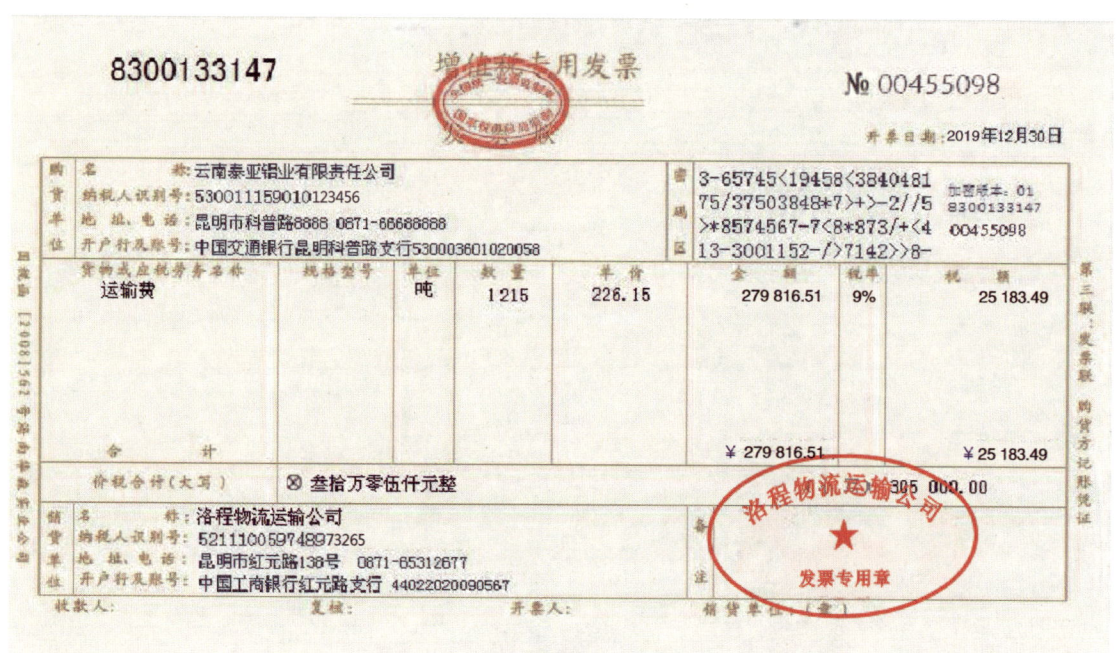

60-3

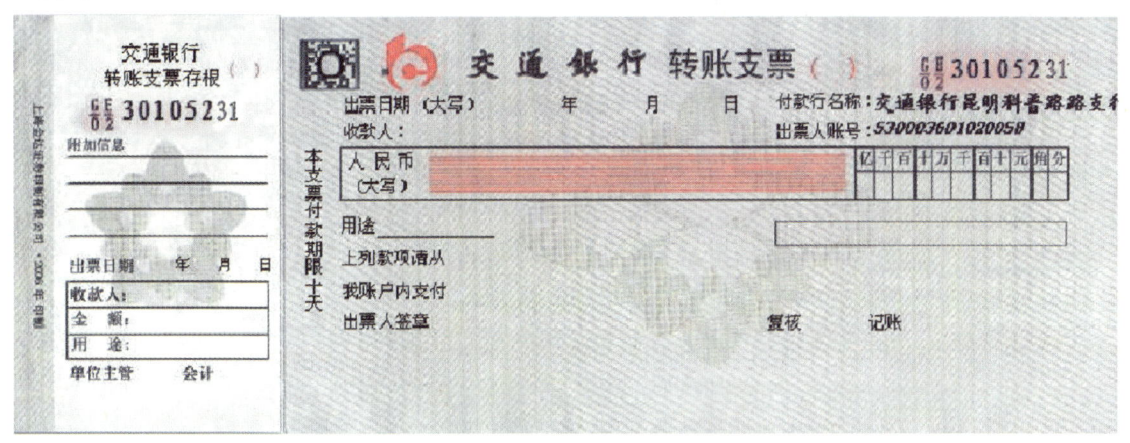

61

无形资产摊销明细表

编制单位：　　　　　　　　　　　年　　月　　日　　　　　　　　　　单位:元

序号	无形资产项目名称	推销起始日	推销期限	初始金额	摊销金额
1	专有技术	2019年1月1日	5年	12 000	2 400

复核：　　　　　　　　　　　　　　　　　　　　　　　　　　　　　制表：

62

工资费用分配表

2019 年 12 月 31 日

部门		应借科目	工资总额	提取工会经费（2%）	提取职工教育经费（2.5%）	合计
基本熔炉车间		生产成本——基本生产成本——熔炉车间	87 636	1 752.72	2 190.90	91 579.62
基本铸棒车间	生产人员	生产成本——基本生产成本——铸棒车间	109 545	2 190.90	2 738.63	114 474.53
	管理人员	制造费用	43 120	862.40	1 078	45 060.40
基本铸锭车间	生产人员	生产成本——基本生产成本——铸锭车间	109 430	2 188.60	2 735.75	114 354.35
	管理人员	制造费用	43 000	860.00	1 075	44 935.00
辅助机修车间		生产成本——基本生产成本——机修车间	65 727	1 314.54	1 643.18	68 684.72
行政部门		管理费用	109 480	2 189.60	2 737.00	114 406.60
销售部门		销售费用	89 320.76	1 786.42	2 233.02	93 340.20
合计			657 258.76	13 145.18	16 431.48	686 835.42

附加信息:	被背书人	（贴粘单处）
	背书人签章 年　月　日	

63-1

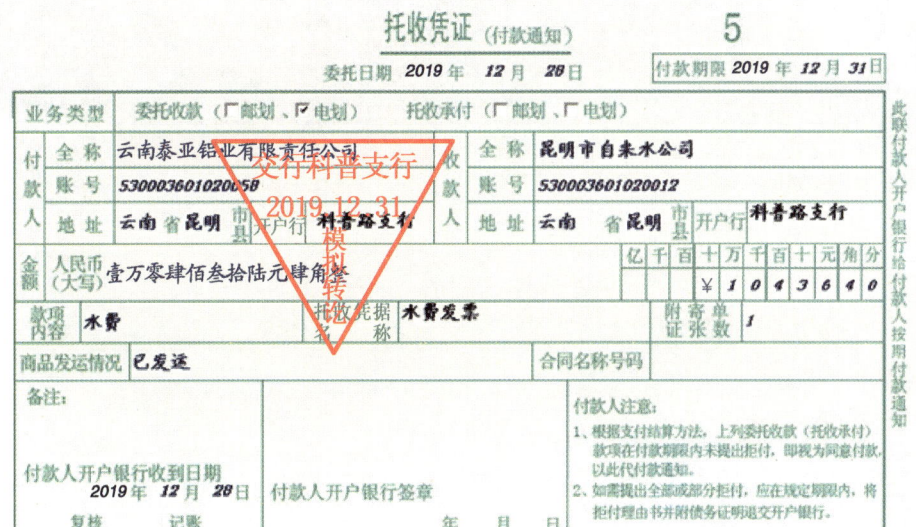

63-2

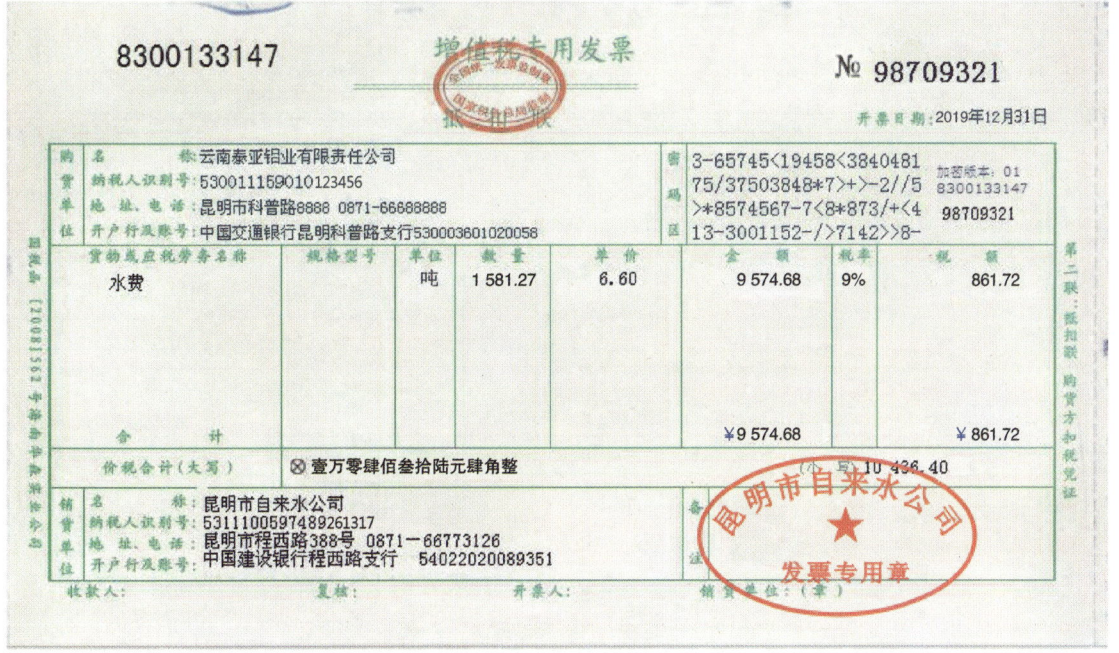

63-3

水 费 分 配 表

单位：云南泰亚铝业有限责任公司　　　　2019 年 12 月 31 日

部门	分配计入项目	分配方案		
		费用总额	分配率	分配金额
熔炉车间				
铸棒车间				
铸锭车间				
机修车间				
行政部门				
合计				

63-4

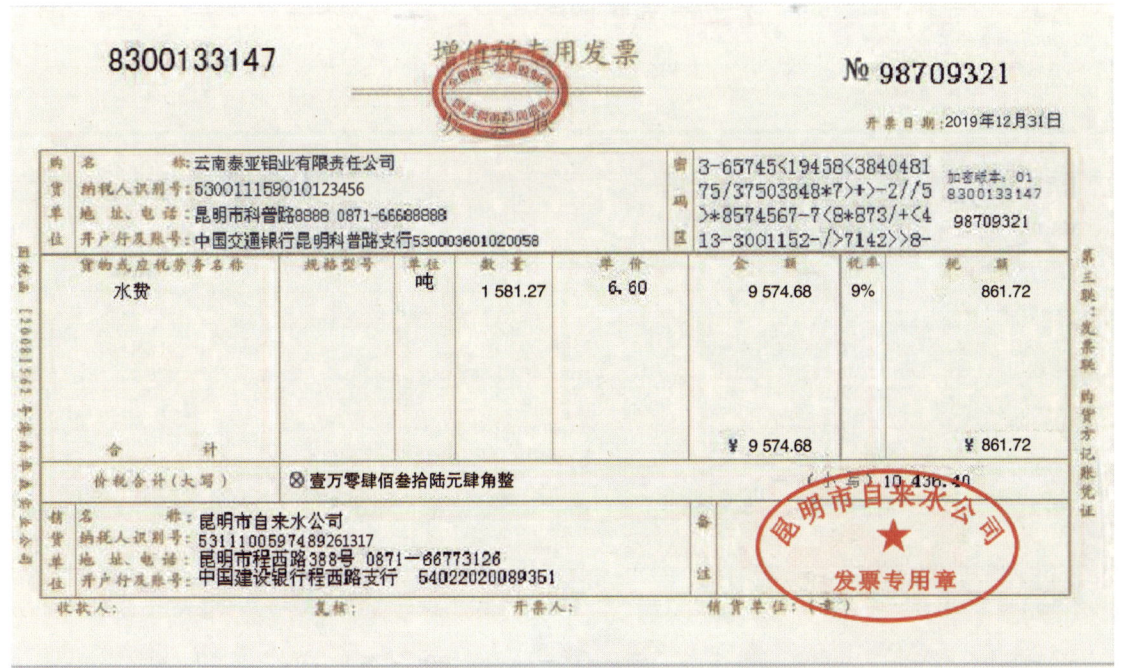

64-1

托收凭证（付款通知） 5

委托日期 2019 年 12 月 27 日　　付款期限 2019 年 12 月 31 日

业务类型	委托收款（□邮划、☑电划）	托收承付（□邮划、□电划）
付款人 全称	云南泰亚铝业有限责任公司	收款人 全称	昆明市电力公司
账号	530003601020058	账号	530003601020010
地址	云南 省 昆明 市县 科普路 开户行	地址	云南 省 昆明 市县 科普路支行 开户行

金额 人民币（大写）：壹拾肆万柒仟陆佰伍拾壹元肆角伍分　￥147651.45

款项内容：电费　　托收凭据名称：电费发票　　附寄单证张数：1

商品发运情况：已发运　　合同名称号码：

付款人开户银行收到日期 2019 年 12 月 28 日

（印章：交行科普支行 2019.12.31 模拟转）

64-2

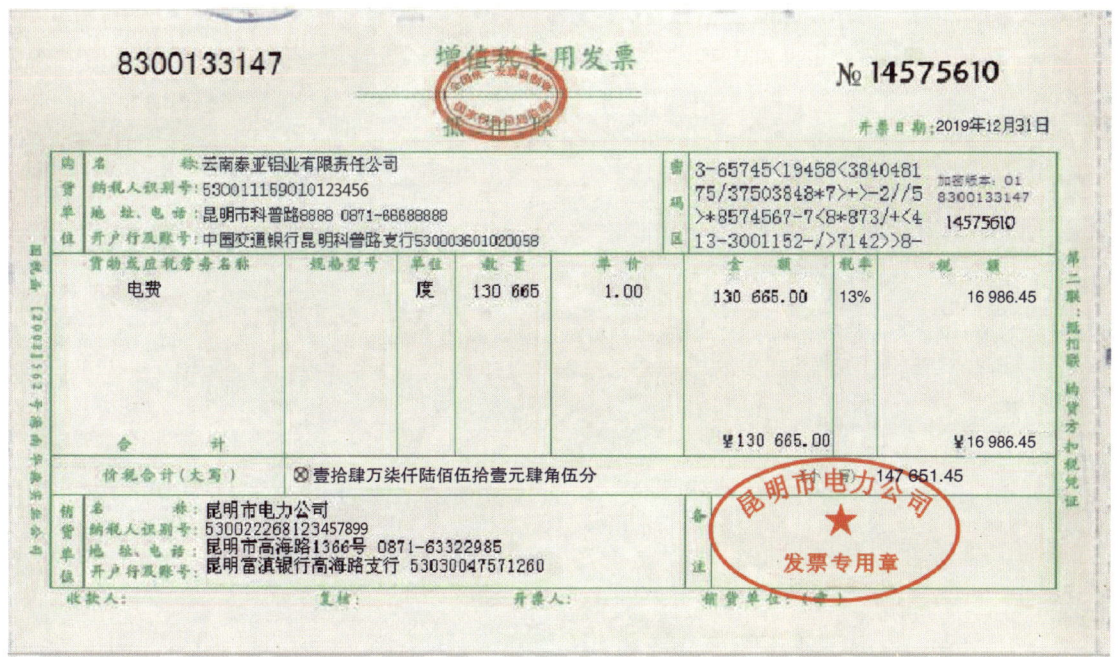

增值税专用发票　No 14575610　8300133147

开票日期：2019年12月31日

购货单位	名称：云南泰亚铝业有限责任公司 纳税人识别号：530011159010123456 地址、电话：昆明市科普路8888 0871-66888888 开户行及账号：中国交通银行昆明科普路支行530003601020058	密码区	3-65745<19458<3840481 75/37503848*7>+)-2//5 >*8574567-7<8*873/+<4 13-3001152-/>7142)>8-	加密版本：01 8300133147 14575610

货物或应税劳务名称	规格型号	单位	数量	单价	金额	税率	税额
电费		度	130 665	1.00	130 665.00	13%	16 986.45
合　计					￥130 665.00		￥16 986.45

价税合计（大写）：壹拾肆万柒仟陆佰伍拾壹元肆角伍分　￥147 651.45

销货单位	名称：昆明市电力公司 纳税人识别号：5300222681234578899 地址、电话：昆明市高海路1366号 0871-63322985 开户行及账号：昆明富滇银行高海路支行 53030047571260	备注	（印章：昆明市电力公司 发票专用章）

收款人：　　　复核：　　　开票人：　　　销货单位：（章）

64-3

电 费 分 配 表

单位:云南泰亚铝业有限责任公司　　2019 年 12 月 31 日

部门	分配计入项目	分配方案				
		费用总额	分配率	分配金额		
熔炉车间						
铸棒车间						
铸锭车间						
机修车间						
行政部门						
合计						

64-4

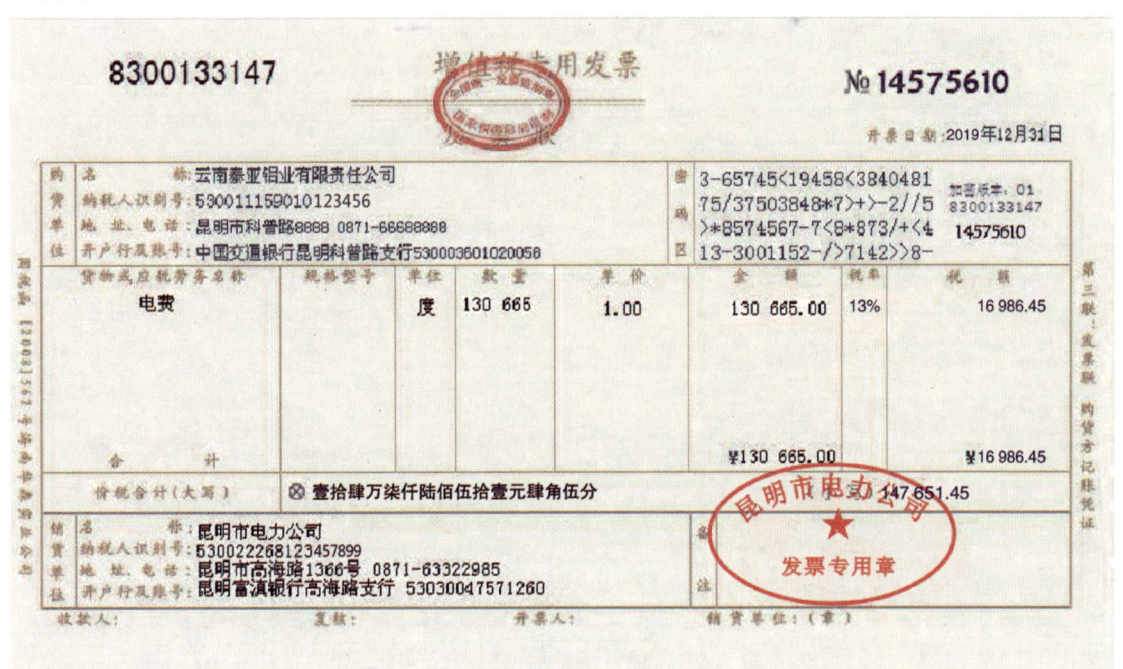

65-1

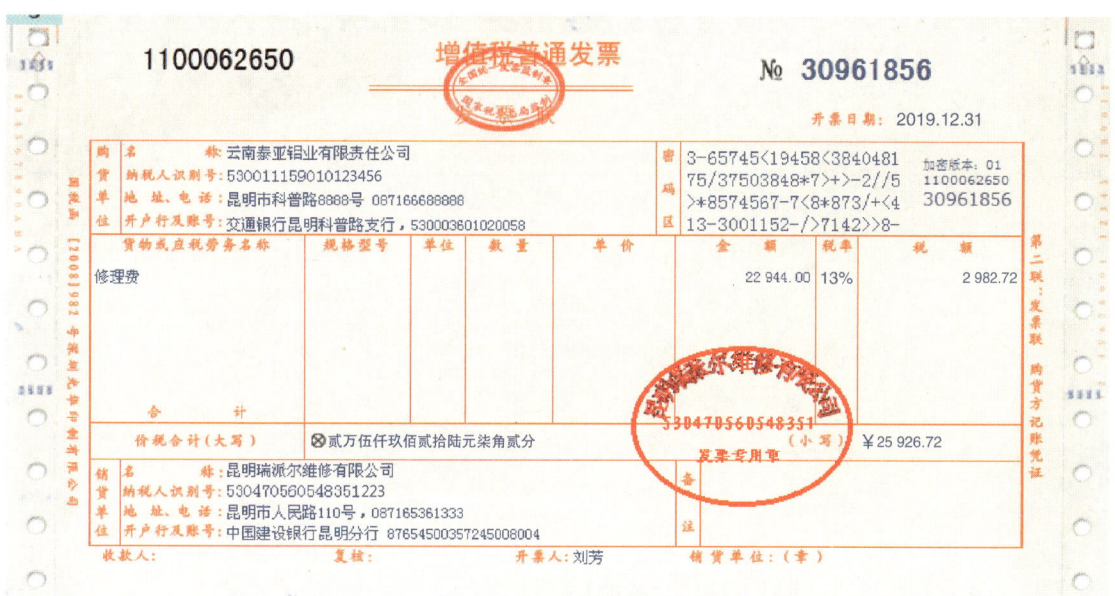

65-2

修理费分配表

车间名称	费用金额
熔炉车间	2 486.00
铸棒车间	8 263.00
铸铝车间	7 544.00
机修车间	1 962.00
行政管理部门	6 590.00
合计	26 845.00

65-3

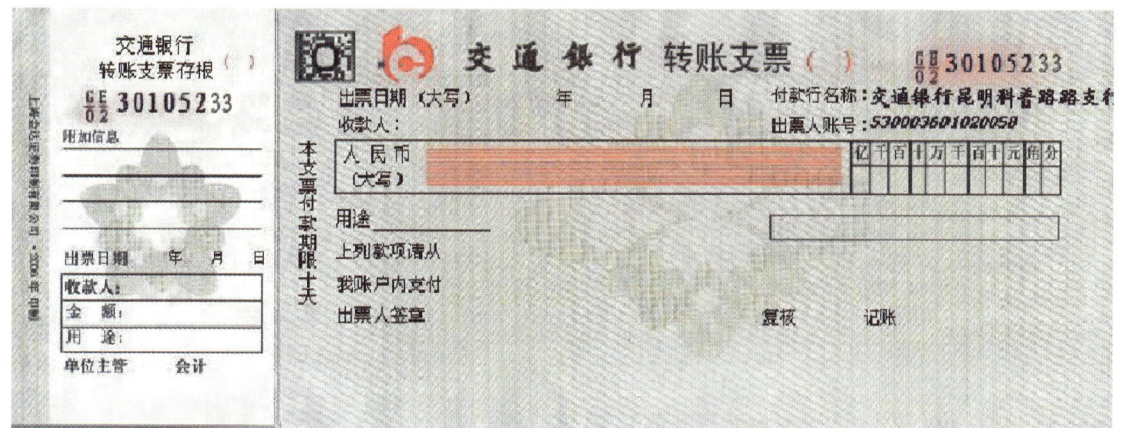

附加信息：	被背书人	（贴粘单处）
	背书人签章 年 月 日	

66-1

领 料 单

领料部门：铸棒车间
用　途：生产用
2019 年 12 月 02 日
第　0001 号

材料			单位	数量		成本		
编号	名称	规格		请领	实发	单价	总价 百十万千百十元角分	
001	铝水		千克	60 000	60 000	12.50	7 5 0 0 0 0 0	
002	镁锭		千克	1 800	1 800	16.00	2 8 8 0 0 0 0	
003	硅锭		千克	4 000	4 000	15.00	6 0 0 0 0 0 0	
004	钛硼丝		千克	600	600	23.00	1 3 8 0 0 0 0	
合计							¥ 8 5 2 6 0 0 0 0	

部门经理：黄梓　　　会计：　　　仓库：赵三强　　　经办人：刘亮

66-2

领 料 单

领料部门：铸锭车间
用　途：生产用
2019 年 12 月 02 日
第　0002 号

材料			单位	数量		成本	
编号	名称	规格		请领	实发	单价	总价 百十万千百十元角分
001	铝水		千克	700 000	700 000	12.50	8 7 5 0 0 0 0 0
合计							¥ 8 7 5 0 0 0 0 0

部门经理：黄梓　　　会计：　　　仓库：赵三强　　　经办人：刘亮

66-3

领 料 单

领料部门：铸棒车间
用　途：生产用
2019 年 12 月 11 日
第　0003 号

材料			单位	数量		成本	
编号	名称	规格		请领	实发	单价	总价 百十万千百十元角分
001	铝水		千克	340 000	340 000	12.50	4 2 5 0 0 0 0 0
002	镁锭		千克	20 000	20 000	16.00	3 2 0 0 0 0 0
003	硅锭		千克	50 000	50 000	15.00	7 5 0 0 0 0 0
004	钛硼丝		千克	300	300	23.00	6 9 0 0 0 0
合计							¥ 5 3 2 6 9 0 0 0

部门经理：黄梓　　　会计：　　　仓库：赵三强　　　经办人：刘亮

领料单 66-4

领料部门：铸锭车间
用　途：生产用
2019 年 12 月 11 日
第 0004 号

材料编号	名称	规格	单位	数量 请领	数量 实发	单价	总价（百十万千百十元角分）
001	铝水		千克	600 000	600 000	12.50	7 5 0 0 0 0 0 0
002	镁锭		千克	50 000	50 000	16.00	8 0 0 0 0 0 0
003	硅锭		千克	60 000	60 000	15.00	9 0 0 0 0 0 0
004	钛硼丝		千克	2 000	2 000	23.00	4 6 0 0 0 0
合计						¥	9 2 4 6 0 0 0 0

部门经理：黄柳　　会计：　　仓库：赵三强　　经办人：刘亮

领料单 66-5

领料部门：铸锭车间
用　途：生产用
2019 年 12 月 14 日
第 0005 号

材料编号	名称	规格	单位	数量 请领	数量 实发	单价	总价（百十万千百十元角分）
001	铝水		千克	600 000	600 000	12.50	7 5 0 0 0 0 0 0
002	镁锭		千克	50 000	50 000	16.00	8 0 0 0 0 0 0
003	硅锭		千克	60 000	60 000	15.00	9 0 0 0 0 0 0
004	钛硼丝		千克	2 000	2 000	23.00	4 6 0 0 0 0
合计						¥	9 2 4 6 0 0 0 0

部门经理：黄柳　　会计：　　仓库：赵三强　　经办人：刘亮

领料单 66-6

领料部门：铸棒车间
用　途：生产用
2019 年 12 月 21 日
第 0006 号

材料编号	名称	规格	单位	数量 请领	数量 实发	单价	总价（百十万千百十元角分）
001	铝水		千克	200 000	200 000	12.50	2 5 0 0 0 0 0 0
002	镁锭		千克	20 000	20 000	16.00	3 2 0 0 0 0 0
003	硅锭		千克	4 000	4 000	15.00	6 0 0 0 0 0
004	钛硼丝		千克	400	400	23.00	9 2 0 0 0
合计						¥	2 8 8 9 2 0 0 0 0

部门经理：黄柳　　会计：　　仓库：赵三强　　经办人：刘亮

66-7

领 料 单

领料部门：铸锭车间
用　途：生产用　　　　　　　　2019 年 12 月 21 日　　　　　　第　0007 号

材料			单位	数量		成本									
编号	名称	规格		请领	实发	单价	总价								
							百	十	万	千	百	十	元	角	分
001	铝水		千克	600 000	600 000	12.50	7	5	0	0	0	0	0	0	0
002	镁锭		千克	50 000	50 000	16.00		8	0	0	0	0	0	0	0
003	硅锭		千克	60 000	60 000	15.00		9	0	0	0	0	0	0	0
004	钛硼丝		千克	1 000	1 000	23.00			2	3	0	0	0	0	0
合计						¥	9	2	2	3	0	0	0	0	0

部门经理：黄挡　　　　会计：　　　　　　仓库：赵三强　　　　经办人：刘亮

66-8

领 料 单

领料部门：铸锭车间
用　途：生产用　　　　　　　　2019 年 12 月 23 日　　　　　　第　0008 号

材料			单位	数量		成本									
编号	名称	规格		请领	实发	单价	总价								
							百	十	万	千	百	十	元	角	分
001	铝水		千克	600 000	600 000	12.50	7	5	0	0	0	0	0	0	0
002	镁锭		千克	50 000	50 000	16.00		8	0	0	0	0	0	0	0
003	硅锭		千克	60 000	60 000	15.00		9	0	0	0	0	0	0	0
004	钛硼丝		千克	200	200	23.00				4	6	0	0	0	0
合计						¥	9	2	0	4	6	0	0	0	0

部门经理：黄挡　　　　会计：　　　　　　仓库：赵三强　　　　经办人：刘亮

66-9

领 料 单

领料部门：铸排车间
用　途：生产用　　　　　　　　2019 年 12 月 15 日　　　　　　第　0009 号

材料			单位	数量		成本									
编号	名称	规格		请领	实发	单价	总价								
							百	十	万	千	百	十	元	角	分
001	铝水		千克	500 000	500 000	12.50	6	2	5	0	0	0	0	0	0
002	镁锭		千克	10 000	10 000	16.00		1	6	0	0	0	0	0	0
003	硅锭		千克	20 000	20 000	15.00			3	0	0	0	0	0	0
合计						¥	6	7	1	0	0	0	0	0	0

部门经理：黄挡　　　　会计：　　　　　　仓库：赵三强　　　　经办人：刘亮

66-10

领 料 单

领料部门：铸棒车间
用途：生产用 2019 年 12 月 25 日 第 00010 号

材料			单位	数量		成本	
编号	名称	规格		请领	实发	单价	总价（百十万千百十元角分）
001	铝水		千克	20 800	20 800	12.50	2 6 0 0 0 0 0 0
002	镁锭		千克	600	600	16.00	9 6 0 0 0 0
003	硅锭		千克	2 500	2 500	15.00	3 7 5 0 0 0 0
合计							¥ 3 0 7 1 0 0 0 0

部门经理：黄档　　会计：　　仓库：赵三强　　经办人：刘亮

66-11

领 料 单

领料部门：铸锭车间
用途：生产用 2019 年 12 月 25 日 第 0011 号

材料			单位	数量		成本	
编号	名称	规格		请领	实发	单价	总价（百十万千百十元角分）
001	铝水		千克	600 000	600 000	12.50	7 5 0 0 0 0 0 0
002	镁锭		千克	2 600	2 600	16.00	4 1 6 0 0 0 0
003	硅锭		千克	80 100	80 100	15.00	1 2 1 5 0 0 0 0
合计							¥ 8 7 5 6 6 0 0 0

部门经理：黄档　　会计：　　仓库：赵三强　　经办人：刘亮

66-12

领 料 单

领料部门：铸锭车间
用途：生产用 2019 年 12 月 28 日 第 0012 号

材料			单位	数量		成本	
编号	名称	规格		请领	实发	单价	总价（百十万千百十元角分）
001	铝水		千克	670 000	670 000	12.50	8 3 7 5 0 0 0 0
合计							¥ 8 3 7 5 0 0 0 0

部门经理：黄档　　会计：　　仓库：赵三强　　经办人：刘亮

66-13

材料成本差异计算表
2019年12月31日

项目	期初材料成本差异	本期购入材料成本差异	期初库存材料计划成本	本期增加材料计划成本	材料成本差异率
原材料					
周转材料					
合计					

66-14

材料发出汇总表
（四联式）　　　　　　　字第　号

领料部门：熔炉车间　　　　　　　2019年12月31日
用　途：生产铝棒

材料编号	名称	单位	数量 请领	数量 实发	单价	计划成本	差异率	差异额	实际成本
1	铝水	kg	1 120 800	1 120 800	12.5	14 010 000			
2	镁锭	kg	52 400	52 400	16	838 400			
3	硅锭	kg	80 500	80 500	15	1 207 500			
4	钛硼丝	kg	1 300	1 300	23	29 900			
5									

主管：刘向阳　　会计：王华　　记账：　　保管：　　发料：赵言君　　领料：

注：领料单一式四联，第一联为领料联，第二联为会计联，第三联为记账联，第四联为存根联。

66-15

材料发出汇总表
（四联式）　　　　　　　字第　号

领料部门：熔炉车间　　　　　　　2019年12月31日
用　途：生产铝锭

材料编号	名称	单位	数量 请领	数量 实发	单价	计划成本	差异率	差异额	实际成本
1	铝水	kg	4 370 000	4 370 000	12.5	54 625 000			
2	镁锭	kg	202 600	202 600	16	3 241 600			
3	硅锭	kg	320 100	320 100	15	4 801 500			
4	钛硼丝	kg	5 200	5 200	23	119 600			
5									

主管：刘向阳　　会计：王华　　记账：　　保管：　　发料：赵言君　　领料：

注：领料单一式四联，第一联为领料联，第二联为会计联，第三联为记账联，第四联为存根联。

周转材料耗用汇总表
2019 年 12 月 31 日

项目	类别	单位	领用数量	单价	金额	领用部门
空气开关	低值易耗品	个	6	126	756	机修车间
皮带	低值易耗品	条	15	9.1	136.5	机修车间
精炼剂	低值易耗品	公斤	80	3.2	256	熔炉车间
灯架	低值易耗品	个	10	3	30	机修车间
机油	低值易耗品	升	40	6.3	2 520	机修车间
合计					3 698.5	

处理意见：

　　本月 30 日,现金盘盈 60 元据查无法查明原因,对盘盈的现金进行处理。经领导批准,计入营业外收入。

审批人(签章)：　　　　　监盘人(签章)：　　　　　　　　　　　盘点人(签章)：

机修车间生产费用分配表
2019 年 12 月 31 日

对应车间	分配归集		分配金额
	人工工时	分配率(%)	
熔炉车间	500	15.62	
铸锭车间	800	25.00	
铸棒车间	1 500	46.88	
行政管理部门	400	12.50	
合计	3 200	100.00	

70

制造费用结转表

年　月　日　　　　　　　　　　　　　　　　　　　　　　　　　　　　单位:元

应借科目	应贷科目	金额
合计		

财务经理:　　　　　　　　　　　　　　　　　　　　　　　　　　　　　　制表:

填表说明:依据明细分类账目归集的金额填写

71-1

熔炉车间产品成本计算表

年　月　日

产量

成本项目	直接材料	直接人工	制造费用	
月初在产品生产成本				
本月生产费用合计				
合计				
月末在产品生产成本				
月末完工产品生产成本				
月末完工产品单位成本	—	—	—	

财务经理:　　　　　　　　　　　　　　　　　　　　　　　　　　　　　　制单:

71-2

产品成本计算表

部门:熔炉车间　　　　　　　2019 年 12 月 31 日　　　　　　　　　　　单位:

应借部门＼项目	成本或费用项目	分配归集	
			分配率(%)
熔炉车间		铝锭	79.56
熔炉车间		铝棒	20.44
小计			100.00

财务经理:　　　　　　　　　　　　　　　　　　　　　　　　　　　制表: 王华

填表说明:
1. 依据题目要求计算分析分配率,注意分配率填写,保留两位小数,%省略不填。
2. 依据题目要求填写需要分配的金额,系统将依据分配率自动计算分配后的金额。

72

铸棒车间产品成本计算表
年　月　日

物料代码　　　　　品名　　　　　规格型号　　　　　　　　产量

成本项目	直接材料	直接人工	制造费用
月初在产品生产成本			
本月生产费用合计			
合计			
月末在产品生产成本			
月末完工产品生产成本			
月末完工产品单位成本	—	—	—

财务经理：　　　　　　　　　　　　　　　　　　　　　　制单：

73

铸锭车间产品成本计算表
年　月　日

物料代码　　　　　品名　　　　　规格型号　　　　　　　　产量

成本项目	直接材料	直接人工	制造费用
月初在产品生产成本			
本月生产费用合计			
合计			
月末在产品生产成本			
月末完工产品生产成本			
月末完工产品单位成本	—	—	—

财务经理：　　　　　　　　　　　　　　　　　　　　　　制单：

74-1

产品成本汇总表
2019 年 12 月 31 日

产品	产量(kg)	完工产品总成本				完工产品单位成本
		直接材料	直接人工	制造费用	合计	
铝锭	4 865 000					
铝棒	1 250 150					
合计						

74-2

入 库 单

2019 年 12 月 31 日　　　　　　　　　　　　　　　　　　单号_____

交来单位及部门		发票号码或生产单号码		验收仓库		入库日期		
编号	名称及规格	单位	数量		单价	金额	备注
			交库	实收			
1	铝锭	kg					
2	铝棒	kg					

部门经理：　　　　　会计：王华　　　　　仓库：赵言君　　　　　经办人：

75

产品收发存月报表

年　　月　　日

序号	产品名称	单位	上期结存	本期收入	本期发出	本期结存

增值税纳税申报表

(一般纳税人适用)

根据国家税收法律法规及增值税相关规定制定本表。纳税人不论有无销售额,均应按税务机关核定的纳税期限填写本表,并向当地税务机关申报。

税款所属时间:　　　　至　　　　　　填表日期:　　　　　　　　　金额单位:元至角分

纳税人识别号:			所属行业:其他制造业	
纳税人名称:	法定代表人姓名		注册地址	生产经营地址
开户银行及账号	登记注册类型		电话号码	

	项 目	栏次	一般货物、劳务和应税服务		即征即退货物、劳务和应税服务	
			本月数	本年累计	本月数	本年累计
销售额	(一)按适用税率计税销售额	1				
	其中:应税货物销售额	2				
	应税劳务销售额	3				
	纳税检查调整的销售额	4				
	(二)按简易办法计税销售额	5				
	其中:纳税检查调整的销售额	6				
	(三)免、抵、退办法出口销售额	7				
	(四)免税销售额	8				
	其中:免税货物销售额	9				
	免税劳务销售额	10				
税款计算	销项税额	11				
	进项税额	12				
	上期留抵税额	13				
	进项税额转出	14				
	免、抵、退应退税额	15				
	按适用税率计算的纳税检查应补缴税额	16				
	应抵扣税额合计	17=12+13−14−15+16				
	实际抵扣税额	18(如17<11,则为17,否则为11)				
	应纳税额	19=11−18				
	期末留抵税额	20=17−18				
	简易计税办法计算的应纳税额	21				
	按简易计税办法计算的纳税检查应补缴税额	22				
	应纳税额减征额	23				
	应纳税额合计	24=19+21−23				
税款缴纳	期初未缴税额(多缴为负数)	25				
	实收出口开具专用缴款书退税额	26				
	本期已缴税额	27=28+29+30+31				
	①分次预缴税额	28				
	②出口开具专用缴款书预缴税额	29				
	③本期缴纳上期应纳税额	30				
	④本期缴纳欠缴税额	31				
	期末未缴税额(多缴为负数)	32=24+25+26−27				
	其中:欠缴税额(≥0)	33=25+26−27				
	本期应补(退)税额	34=24−28−29				
	即征即退实际退税额	35				
	期初未缴查补税额	36				
	本期入库查补税额	37				
	期末未缴查补税额	38=16+22+36−37				

授权声明	如果你已委托代理人申报,请填写下列资料: 为代理一切税务事宜,现授权 (地址)　　　　　为本纳税人的代理申请 申报表有关的往来文件,都可寄予此人。 　　　　　　　　　　　　授权人签字:	申报人声明	本纳税申报表是根据国家税收法律法规及相关规定填报的,我确定它是真实的、可靠的、完整的。 　　　　　　　　　声明人签字:

地方税（费）综合申报

申报日期：20 年 月 日　　税款所属期：20 年 月 日至 20 年 月 日

纳税人微机代码				正常申报□ 自查申报□ 被查申报□
纳税人税务登记证件号				单位：人民币 元（列至角、分）、吨、m³、辆、件、本

纳税人名称（盖章）：		经济类型		纳税人注册地址	
开户银行名称：		银行帐号		联系电话	

税种	应纳税项目	计税依据（数量或金额）	税（费）率或单位税额	当期应税税（费）额	批准减免税		已预缴税额	应纳税额	批准延期缴纳税额	累计欠税余额	备注
					项目	金额					
栏次	1	2	3	4=2×3	5	6	7	8	9	10	11
地方教育附加			2%								
城市维护建设税			5%								
教育费附加			3%								
防洪保安费											
文化事业建设费											
合计（大写）	零										￥

	纳税人声明	授权人声明	代理人声明
	我单位（个人）所申报的各种税（费）款真实、准确、完整。如有虚假内容愿承担法律责任。 办税员： 法定代表人（负责人）： （公章） 20 年 月 日	我单位（个人）现委托＿＿＿＿＿为我单位纳税申报代理人。其法定代表人＿＿＿＿＿，电话＿＿＿＿＿。 委托代理合同号码： 授权人（法定代表人）： 　 年 月 日	本纳税申报书按照国家税法和税务机关规定填报的，我确信其真实、合法。如有不实，愿意承担法律责任。 代理人（盖章）： 代理机构（公章） 年 月 日

告知事项：

1、本表适用于纳税人申报除账征收纳税人的企业所得税、个人所得税、土地增值税和个体"双定"户以外的各种地方税的纳税申报。

2、税人未按规定的期限办理纳税申报和报送纳税资料的，税务机关将按《中华人民共和国税收征收管理法》第六十二条规定，由税务机关责令限期改正，可以处二千元以下的罚款；情节严重的，可以处二千元以上一万元以下的罚款。

3、税务代理人违反税收法律、行政法规、造成纳税人未缴或少缴税款的，税务机关《中华人民共和国税收征收管理法实施细则》第九十八条规定，除由纳税人缴纳或者补缴应纳税款、滞纳金外，对税务代理人处纳人未缴或少缴税款50%以上3倍以下的罚款。

4、纳税人未按照规定期限缴纳税款的，扣缴义务人未按照规定期限解缴税款的，税务机关将按《中华人民共和国税收征收管理法》第三十二条规定：税务机关除责令限期缴纳外，从滞纳税款之日起，按日加收滞纳税款万分之五的滞纳金。

5、本表一式三份，呈报税务机关，经审核后退回纳税人一份，税务机关留存两份。

以下由税务机关填写：

税务机关受理申报日期： 年 月 日	受理人（签章）：	稽核人员	稽核日期： 年 月 日	滞纳天数	滞纳金额	应加收滞纳金
开票日期：　 年 月 日	征收员（签章）	完税凭证字号：				

78

无形资产及减值准备清查明细表

编制单位：　　　　　　　　　　　　　　年　月　日　　　　　　　　　　　　　　单位：元

序号	无形资产项目名称	推销起始日	推销期限	初始金额	评估减值金额
1	专有技术	2019年1月1日	5年	12 000	3 000

复核：　　　　　　　　　　　　　　　　　　　　　　　　　　　　　　　制表：

79

投资收益表

接受投资单位名称	本单位出资比例	本年净利润(元)	投资收益金额
犁华煤业公司	35%	423 480.00	
万基矿业	10%	−15 800.00	

80

交通银行特种转账借方传票

2019年12月31日

总字第　号
字第　号

付款人	全称	云南泰亚铝业有限责任公司	收款人	全称	中国工商银行昆明科普路支行	附件 张
	账号	530003601020058		账号	555555555	
	开户银行	交通银行昆明科普路支行		开户银行		
金额	人民币(大写)	壹拾万零叁仟元整			亿千百十万千百十元角分 ¥ 1 0 3 0 0 0 0 0	
原始凭证金额	103 000		赔偿金			
原始凭证名称	商业承兑汇票		号码	(9) 65000223	科目(借) _____	
转账原因	因承兑人银行账户资金不足支付，银行退回应收票据。				对方科目(贷) _____	
					会计　复核　记账　制单	

(交通银行昆明科普路支行 2019.12.31 模拟付讫)

坏账准备计算表

年　　月　　日　　　　　　　　　　　　　　　　　　　　　　　　　　单位:元

"应收款项"科目	年末"应收款项"科目余额	规定比例	提取前"坏账准备"科目借方余额	提取前"坏账准备"科目贷方余额	提取的坏账准备金
1	2	3	4	5	6＝2×3+4－5
合计					

会计主管：　　　　　　　　　　　　复核：　　　　　　　　　　　　制表：

纳税调整简表

填报时间：2019年12月31日　　　　　　　　　　　　　　　　　金额单位:元(列至角分)

行次	项目	账载金额	税收金额	调增金额	调减金额
1	一、收入类调整项目				
2	1. 视同销售收入				
3	2. 接受捐赠收入				
4	3. 不符合税收规定的销售折扣和折让				
5	4. 不征税收入				
6	5. 免税收入				
7	6. 减计收入				
8	二、扣除类调整项目				
9	1. 视同销售成本				
10	2. 工资薪金支出				
11	3. 职工福利费支出				
12	4. 职工教育经费支出				
13	5. 工会经费支出				
14	6. 业务招待费支出				
15	7. 广告费和业务宣传费支出				
16	8. 捐赠支出				
17	9. 利息支出				
18	10. 罚金、罚款和被没收财物的损失				
19	11. 税收滞纳金				
20	12. 赞助支出				
21	三、资产类调整项目				
22	1. 财产损失				
23	2. 固定资产折旧				
24	3. 长期待摊费用的摊销				
25	4. 无形资产摊销				
26	5. 投资转让、处置所得				
27	四、准备金调整项目				
28	七、其他				
29	合计				

经办人(签章)：　　　　　　　　　　　　　　　　　　　　　　法定代表人(签章)：

损益类账户结转表

年　　月　　日　　　　　　　　　　　　　　　　　　　　　　　　　单位:元

项　　目	借方余额	贷方余额
主营业务收入		
主营业务成本		
税金及附加		
其他业务收入		
其他业务成本		
销售费用		
管理费用		
财务费用		
公允价值变动损益		
投资收益		
营业外收入		
营业外支出		
资产减值损失		
合　　计		

复核:　　　　　　　　　　　　　　　　　　　　　　　　　　　　　　制表:

全年净利润结转表

年　　月　　日　　　　　　　　　　　　　　　　　　　　　　　　　单位:元

应借科目　＼　应贷科目	利润分配——未分配利润
本年利润	

复核:　　　　　　　　　　　　　　　　　　　　　　　　　　　　　　制表:

盈余公积金计算表

年　　月　　日

全年税后净利润	法定盈余公积10%	公益金5%	合计

利润分配明细账户余额结转表

年　　月　　日　　　　　　　　　　　　　　　　　　　　　　　　单位:元

明细科目	借方余额	贷方余额
合　计		

复核：　　　　　　　　　　　　　　　　　　　　　　　　　　　　制表：

附表

资产负债表

会企01表

编制单位：　　　　　　　　　　　　　　　　　___年___月___日　　　　　　　　　　　　　　　单位:元

资产	期末余额	上年年末余额	负债和所有者权益(或股东权益)	期末余额	上年年末余额
流动资产：			流动负债：		
货币资金			短期借款		
以公允价值计量且其变动计入当期损益的金融资产			以公允价值计量且其变动计入当期损益的金融负债		
衍生金融资产			衍生金融负债		
应收票据			应付票据		
应收账款			应付账款		
预付款项			预收款项		
其他应收款			应付职工薪酬		
存货			应交税费		
持有待售资产			其他应付款		
一年内到期的非流动资产			持有待售负债		
其他流动资产			一年内到期的非流动负债		
流动资产合计			其他流动负债		
非流动资产：			流动负债合计		
可供出售金融资产			非流动负债：		
持有至到期投资			长期借款		
长期应收款			应付债券		
长期股权投资			其中:优先股		
投资性房地产			永续债		
固定资产			长期应付款		
在建工程			预计负债		
生产性生物资产			递延收益		
油气资产			递延所得税负债		
无形资产			其他非流动负债		
开发支出			非流动负债合计		
商誉			负债合计		
长期待摊费用			所有者权益(或股东权益)：		
递延所得税资产			实收资本(或股本)		
其他非流动资产			其他权益工具		
非流动资产合计			其中:优先股		
			永续债		
			资本公积		
			减:库存股		
			其他综合收益		
			专项储备		
			盈余公积		
			未分配利润		
			所有者权益(或股东权益)合计		
资产总计			负债和所有者权益(或股东权益)总计		

资产负债表

会企 01 表

编制单位： ___年___月___日 单位:元

资产	期末余额	上年年末余额	负债和所有者权益(或股东权益)	期末余额	上年年末余额
流动资产：			流动负债：		
货币资金			短期借款		
以公允价值计量且其变动计入当期损益的金融资产			以公允价值计量且其变动计入当期损益的金融负债		
衍生金融资产			衍生金融负债		
应收票据			应付票据		
应收账款			应付账款		
预付款项			预收款项		
其他应收款			应付职工薪酬		
存货			应交税费		
持有待售资产			其他应付款		
一年内到期的非流动资产			持有待售负债		
其他流动资产			一年内到期的非流动负债		
流动资产合计			其他流动负债		
非流动资产：			流动负债合计		
可供出售金融资产			非流动负债：		
持有至到期投资			长期借款		
长期应收款			应付债券		
长期股权投资			其中:优先股		
投资性房地产			永续债		
固定资产			长期应付款		
在建工程			预计负债		
生产性生物资产			递延收益		
油气资产			递延所得税负债		
无形资产			其他非流动负债		
开发支出			非流动负债合计		
商誉			负债合计		
长期待摊费用			所有者权益(或股东权益)：		
递延所得税资产			实收资本(或股本)		
其他非流动资产			其他权益工具		
非流动资产合计			其中:优先股		
			永续债		
			资本公积		
			减:库存股		
			其他综合收益		
			专项储备		
			盈余公积		
			未分配利润		
			所有者权益(或股东权益)合计		
资产总计			负债和所有者权益(或股东权益)总计		

利 润 表

会计 02 表

编制单位：　　　　　　　　　　　___年___月___日　　　　　　　　单位：元

项　目	本期金额	上期金额
一、营业收入		
减：营业成本		
税金及附加		
销售费用		
管理费用		
研发费用		
财务费用		
其中：利息费用		
利息收入		
加：其他收益		
投资收益(损失以"－"号填列)		
其中：对联营企业和合营企业的投资收益		
公允价值变动收益(损失以"－"号填列)		
资产减值损失(损失以"－"号填列)		
资产处置收益(损失以"－"号填列)		
二、营业利润(亏损以"－"号填列)		
加：营业外收入		
减：营业外支出		
三、利润总额(亏损总额以"－"号填列)		
减：所得税费用		
四、净利润(净亏损以"－"号填列)		
（一）持续经营净利润(净亏损以"－"号填列)		
（二）终止经营净利润(净亏损以"－"号填列)		
五、其他综合收益的税后净额		
（一）不能重分类进损益的其他综合收益		
1. 重新计量设定受益计划变动额		
2. 权益法下不能转损益的其他综合收益		
（二）将重分类进损益的其他综合收益		
1. 权益法下可转损益的其他综合收益		
2. 可供出售金融资产公允价值变动损益		
3. 持有至到期投资重分类为可供出售金融资产损益		
4. 现金流量套期损益的有效部分		
5. 外币财务报表折算差额		
六、综合收益总额		
七、每股收益：		
（一）基本每股收益		
（二）稀释每股收益		

利 润 表

会计 02 表
单位:元

编制单位：　　　　　　　　　　___年___月___日

项　目	本期金额	上期金额
一、营业收入		
减:营业成本		
税金及附加		
销售费用		
管理费用		
研发费用		
财务费用		
其中:利息费用		
利息收入		
加:其他收益		
投资收益(损失以"－"号填列)		
其中:对联营企业和合营企业的投资收益		
公允价值变动收益(损失以"－"号填列)		
资产减值损失(损失以"－"号填列)		
资产处置收益(损失以"－"号填列)		
二、营业利润(亏损以"－"号填列)		
加:营业外收入		
减:营业外支出		
三、利润总额(亏损总额以"－"号填列)		
减:所得税费用		
四、净利润(净亏损以"－"号填列)		
(一)持续经营净利润(净亏损以"－"号填列)		
(二)终止经营净利润(净亏损以"－"号填列)		
五、其他综合收益的税后净额		
(一)不能重分类进损益的其他综合收益		
1. 重新计量设定受益计划变动额		
2. 权益法下不能转损益的其他综合收益		
(二)将重分类进损益的其他综合收益		
1. 权益法下可转损益的其他综合收益		
2. 可供出售金融资产公允价值变动损益		
3. 持有至到期投资重分类为可供出售金融资产损益		
4. 现金流量套期损益的有效部分		
5. 外币财务报表折算差额		
六、综合收益总额		
七、每股收益:		
(一)基本每股收益		
(二)稀释每股收益		

现金流量表

会计 03 表

编制单位：　　　　　　　　　　___年___月　　　　　　　　　单位：元

项　　目	本期金额	上期金额
一、经营活动产生的现金流量：		
销售商品、提供劳务收到的现金		
收到的税费返还		
收到其他与经营活动有关的现金		
经营活动现金流入小计		
购买商品、接受劳务支付的现金		
支付给职工以及为职工支付的现金		
支付的各项税费		
支付其他与经营活动有关的现金		
经营活动现金流出小计		
经营活动产生的现金流量净额		
二、投资活动产生的现金流量：		
收回投资收到的现金		
取得投资收益收到的现金		
处置固定资产、无形资产和其他长期资产收回的现金净额		
处置子公司及其他营业单位收到的现金净额		
收到其他与投资活动有关的现金		
投资活动现金流入小计		
购建固定资产、无形资产和其他长期资产支付的现金		
投资支付的现金		
取得子公司及其他营业单位支付的现金净额		
支付其他与投资活动有关的现金		
投资活动现金流出小计		
投资活动产生的现金流量净额		
三、筹资活动产生的现金流量：		
吸收投资收到的现金		
取得借款收到的现金		
收到其他与筹资活动有关的现金		
筹资活动现金流入小计		
偿还债务支付的现金		
分配股利、利润或偿付利息支付的现金		
支付其他与筹资活动有关的现金		
筹资活动现金流出小计		
筹资活动产生的现金流量净额		
四、汇率变动对现金及现金等价物的影响		
五、现金及现金等价物净增加额		
加:期初现金及现金等价物余额		
六、期末现金及现金等价物余额		

现金流量表

会计 03 表
编制单位： ___年___月 单位：元

项　　目	本期金额	上期金额
一、经营活动产生的现金流量：		
销售商品、提供劳务收到的现金		
收到的税费返还		
收到其他与经营活动有关的现金		
经营活动现金流入小计		
购买商品、接受劳务支付的现金		
支付给职工以及为职工支付的现金		
支付的各项税费		
支付其他与经营活动有关的现金		
经营活动现金流出小计		
经营活动产生的现金流量净额		
二、投资活动产生的现金流量：		
收回投资收到的现金		
取得投资收益收到的现金		
处置固定资产、无形资产和其他长期资产收回的现金净额		
处置子公司及其他营业单位收到的现金净额		
收到其他与投资活动有关的现金		
投资活动现金流入小计		
购建固定资产、无形资产和其他长期资产支付的现金		
投资支付的现金		
取得子公司及其他营业单位支付的现金净额		
支付其他与投资活动有关的现金		
投资活动现金流出小计		
投资活动产生的现金流量净额		
三、筹资活动产生的现金流量：		
吸收投资收到的现金		
取得借款收到的现金		
收到其他与筹资活动有关的现金		
筹资活动现金流入小计		
偿还债务支付的现金		
分配股利、利润或偿付利息支付的现金		
支付其他与筹资活动有关的现金		
筹资活动现金流出小计		
筹资活动产生的现金流量净额		
四、汇率变动对现金及现金等价物的影响		
五、现金及现金等价物净增加额		
加：期初现金及现金等价物余额		
六、期末现金及现金等价物余额		

附 录

实训项目一 财务管理沙盘模拟实训

【实训目的】
(1) 了解财务管理的基本流程,认识资金的流动过程;
(2) 学会财务预测、财务规划与预算,做出盈亏平衡分析;
(3) 控制企业财务成本,认识资本结构管理与风险;
(4) 学习商业计划的制订、管理,体验不同经营策略对财务状况的深刻影响;
(5) 从财务的角度观察企业经营管理,理解财务决策对公司利润的影响;
(6) 认识企业成长,合理平衡企业盈利能力、偿债能力、营运能力与发展能力;
(7) 解读分析财务报表,进行营运能力、偿债能力、盈利能力与发展能力分析,提高财务分析能力和财务安全意识;
(8) 提升沟通能力和团队合作精神。

【实训内容】
(1) 组建虚拟公司,将参加财务管理沙盘模拟的学生分为6~9个团队,每个团队5~6人,学生可自行安排企业经营管理角色,分别有:总经理、财务经理、营销经理、生产经理、人力资源经理,分配成员角色,了解各岗位职责。
(2) 在教师的组织带领下,学习规则和市场信息,了解市场环境,预测和把握市场运行的基本趋势;
(3) 经营过程分为四个经营周期,每个周期要经历3个阶段:
制订和实施商业计划(包括采购设备与原材料、雇佣员工、获取货款、研究竞争对手、分析定价等等);
参与市场竞标、争取客户订单,编制该周期财务报表;
结算经营结果,进行财务分析,总结经验教训,讲师适时点评,解读财务要点。

【实训作业】
(1) 完成小组虚拟公司每一期期末的财务指标计算:

		第一期	第二期	第三期	第三期
偿债能力分析	流动比率				
	速动比率				
	资产负债率				
	产权比率				

(续表)

		第一期	第二期	第三期	第三期
营运能力分析	利息保障倍数				
	总资产周转次数				
	应收账款周转次数				
	应收账款周转天数				
盈利能力分析	营业净利润率				
	净资产收益率				
	成本费用利润率				
	总资产报酬率				
发展能力分析	销售增长率				
	资产增长率				
	股权资本增长率				
	利润增长率				

2. 实训报告

分析财务指标,解读虚拟公司经营数据,分析公司经营的经验教训,反思决策过程。

【沙盘模拟实训规程】

一、企业概况

企业生产的产品为水质净化器,共有 3 种不同系列的产品。每家企业开始经营时,股东投入原始资金 500 万。在低端产品市场已经租好厂房,并且租赁一台已具备生产能力的设备,该设备已配备一组工人。

二、厂房

厂房采用租赁形式,一个厂房可以安装同系列的设备台数不限。

	低端	中端	高端
年租赁费用(万元)	30	50	80

三、设备

(1)设备分为购置和租赁两种使用形式,费用如下:

	购置(万元)	租赁(万元/年)
低端	100	20
中端	120	20
高端	140	20

购置设备的使用期限为 10 年,每年折旧为 10 万元。

(2)每套设备最大生产能力为 6 批量/年。每种产品必须使用专用设备生产,设备不得混合生产。

(3) 购置或租赁设备必须同时招聘生产工人。
(4) 设备新购或租赁当年不能投入生产,下年才能进行生产。

四、工人

(1) 每套设备必须配备一组生产工人,每组工人工资如下:

	低端	中端	高端
工人工资(万元/每年)	10	20	30

(2) 每招聘一次须支付招聘和培训费用10万元(不论招聘人数多少,按次数计算)。工人招聘当年不能上岗,须经过培训。下年才能上岗工作。
(3) 工人一经招聘就享受正常工资待遇(包含培训期)。
(4) 辞退一组工人,须支付10万元的补偿金。

五、产品

(1) 原材料费用如下:

	低端	中端	高端
原材料费用(万元/每批量)	20	30	40

(2) 原材料采购为赊购,账期为一年,本年采购费于下年原材料采购前付清。
(3) 产品最高价格如下:

	低端	中端	高端
产品最高价格(万元/每批量)	80	100	120

产品最低报价不得低于原材料费用。

六、市场营销与竞标

(1) 各公司在某市场有生产能力后方可参加该市场的竞标,销售前必须进行市场竞标。
(2) 各公司在竞标前须购买标书,不同类型产品对应不同类型的标书,标书的价格均为5万元/份,不购买标书无权参与该市场的竞标活动。
(3) 客户分为两种类型,分别是价格敏感客户和非价格客户。

第一,价格敏感客户根据各公司在该市场的报价高低确定中标者,报价低者获得订单,价格敏感客户无连续购买同一品牌的倾向。

第二,非价格客户重视产品品牌,将连续购买同一品牌产品。竞标方式如下:

首先比较营销力度,营销力度根据客户开拓费或者维护费计算,高者获得订单。如果营销力度相同,比较价格,价格低者获得订单;

新客户竞标:参与竞标的公司仅投入客户开拓费,开拓费高者获得订单;

老客户竞标:老客户拥有者投入客户维护费,争夺者投入客户开拓费,客户维护费乘与2之后与客户开拓费比较,高者获得订单。

(4) 公司之间不得进行价格联盟和垄断行为,公司间不得有私下协议,买卖原材料、标书和产品。(教师可以自由控制这一要求)

七、订单执行和交货

(1)各公司获得的订单总量不得高于生产能力,超出部分按照作废处理,并支付超出部分产品最高限价的50%违约金。

(2)各公司之间不得进行订单转让和产品买卖。

八、所得税税率

按税前利润的25%缴纳。

九、贷款

(1)贷款分为银行正常贷款和高利贷两种类型。

(2)正常贷款在每年期初发放,贷款种类如下:

	金额(万)	期限	利率
正常贷款	100	2年	5%
	200	5年	8%
高利贷	200	3年	20%

贷款利息每年按单利支付。

(3)各公司贷款累计总额不得超过上期期末所有者权益。

十、应收账款贴现

贴现费用按以下规定支付(计算过程中四舍五入):

账期	贴现率
1年	5%
2年	8%
3年	12%

客户订单信息

	第一年		
	客户	数量	账期
低端	A1	4	2
	A2	4	2
	A3	4	1
	A4	4	1
	A5	4	1
	A6	4	2
	A7	4	2
	A8	4	1
	A9	4	1

附 录

第二年

	客户	数量	账期
低端	A1	4	1
	A2	3	现金
	A3	2	1
	A4	2	现金
	A5	5	现金
	A6	3	1
	A7	4	现金
	A8	5	2
	A9	3	1
	A10	2	现金
	A11	3	1
	A12	4	现金
	A13	6	2
	A14	4	1
	A15	2	1
	A16	4	2
中端	B1	5	1
	B2	4	2
	B3	4	3
	B4	3	现金
	B5	5	2
	B6	4	现金

第三年

	客户	数量	账期
低端	A1	5	1
	A2	4	现金
	A3	5	2
	A4	3	现金
	A5	7	现金
	A6	7	3
	A7	8	现金
	A8	10	2
	A9	6	1
	*A10	5	2
	*A11	4	1
	*A12	3	1

(续表)

	客户	数量	账期
中端	B1	5	1
	B2	6	2
	B3	6	现金
	B4	2	2
	B5	4	现金
	B6	5	1
	B7	6	2
	*B8	5	1
	*B9	4	2
	*B10	3	现金
高端	C1	4	1
	C2	5	现金
	C3	6	2
	C4	6	1
	C5	4	现金
	C6	5	2

第四年

	客户	数量	账期
低端	A1	10	2
	A2	8	1
	A3	6	现金
	A4	7	现金
	A5	5	3
	A6	4	1
	A7	5	2
	A8	3	现金
	A9	6	1
	*A10	2	现金
	*A11	4	2
	*A12	3	1
	*A13	4	1

(续表)

	客户	数量	账期
中端	B1	3	2
	B2	4	1
	B3	5	1
	B4	4	3
	B5	2	现金
	B6	6	1
	B7	3	现金
	＊B8	5	2
	＊B9	4	现金
高端	C1	5	1
	C2	7	1
	C3	5	现金
	C4	6	2
	C5	4	1
	C6	5	现金
	＊C7	3	现金
	＊C8	5	2
	＊C8	4	现金
	＊C9	6	1

标书

```
低端产品    市场竞价单    第_____年
公司_____              账期_____
客户_____              开拓费_____
数量_____              维护费_____
总价_____
```

```
中端产品    市场竞价单    第_____年
公司_____              账期_____
客户_____              开拓费_____
数量_____              维护费_____
总价_____
```

```
高端产品    市场竞价单    第_____年
公司_____              账期_____
客户_____              开拓费_____
数量_____              维护费_____
总价_____
```

实训项目二 珠海格力电器财务分析

【实训目的】
(1) 掌握比率分析法、比较分析法、综合分析法等财务分析方法；
(2) 掌握偿债能力、营运能力、盈利能力评价的基本指标及其计算；
(3) 能运用有关评价指标和方法对企业的偿债能力进行分析；
(4) 能运用有关评价指标和方法对企业的营运能力进行分析；
(5) 能运用有关评价指标和方法对企业的盈利能力进行分析；
(6) 能完成财务分析报告的撰写。

【实训内容】
阅读项目背景资料并进行财务分析。

【实训作业】
对珠海格力电器股份有限公司的偿债能力、运营能力、盈利能力、发展能力以及总体财务状况进行分析，写出分析报告。

一、项目背景资料

珠海格力电器股份有限公司是目前全球最大的集研发、生产、销售、服务于一体的国有控股家电企业，是中国首家净利润、纳税双双超过百亿的家电企业，拥有格力、TOSOT、晶弘三大品牌家电产品，其产品包括家用空调、中央空调、空气能热水器、TOSOT 生活电器、晶弘冰箱等。2014 年格力官方商城重磅上线。

2012 年格力电器实现营业总收入 1 001.10 亿元，成为中国首家超过千亿的家电上市公司；2015 年 1 月 19 日，格力电器发布 2014 年业绩快报。报告显示，公司 2014 年实现营业总收入 1 400.05 亿元，同比增长 16.63%；归属于上市公司股东的净利润为 141.15 亿元，同比增长 29.84%，继续保持稳健的发展态势。

格力空调，是中国空调业唯一的"世界名牌"产品，业务遍及全球 160 多个国家和地区。家用空调年产能超过 6 000 万台（套），商用空调年产能 550 万台（套）；2005 年至今，格力空调产销量连续 10 年领跑全球，用户超过 3 亿。

作为一家专注于空调产品的大型电器制造商，格力电器致力于为全球消费者提供技术领先、品质卓越的空调产品。在全球拥有珠海、重庆、合肥、郑州、武汉、石家庄、芜湖、巴西、巴基斯坦等 9 大生产基地，7 万多名员工，至今已开发出包括家用空调、商用空调在内的 20 大类、400 个系列、12 700 多个品种规格的产品，能充分满足不同消费群体的各种需求；累计申请技术专利 14 000 多项，其中申请发明专利近 5 000 项，自主研发的磁悬浮变频离心式制冷压缩机及冷水机组、光伏直驱变频离心机系统、双级变频压缩机、无稀土变频压缩机、R290 环保冷媒空调、1 赫兹变频空调、多功能地暖户式中央空调、永磁同步变频离心式冷水机组、超低温数码多联机组等一系列"国际领先"产品，填补了行业空白，改写了空调业百年历史。

在激烈的市场竞争中，格力空调先后中标 2008 年"北京奥运媒体村"、2010 年南非"世界杯"主场馆及多个配套工程、2010 年广州亚运会 14 个比赛场馆、2014 年俄罗斯索契冬奥会配套工程等国际知名空调招标项目,在国际舞台上赢得了广泛的知名度和影响力,引领"中国制造"走向"中国创造"。

实干赢取未来,创新成就梦想。展望未来,格力电器将坚持专业化的发展战略,求真务实,开拓创新,以"缔造全球领先的空调企业,成就格力百年的世界品牌"为目标,为"中国梦"贡献更多的力量。

二、格力电财务报表

资产负债表　　　　　　　　　　单位:万元

报告日期	2014/9/30	2013/12/31	2012/12/31	2011/12/31
货币资金	5 829 105	3 854 168	2 894 392	1 604 081
交易性金融资产	26 982	124 611	26 346	1 649
应收票据	5 034 169	4 629 724	3 429 217	3 366 509
应收账款	251 557	184 928	147 487	122 679
预付款项	254 192	149 865	173 971	231 562
应收利息	103 598	72 956	71 087	24 274
其他应收款	44 177	34 642	29 036	63 448
买入返售金融资产	—	—	—	—
存货	1 083 249	1 312 273	1 723 504	1 750 311
其他流动资产	9 463	10 085	13 724	11 049
流动资产合计	12 636 492	10 373 252	8 508 765	7 175 561
发放贷款及垫款	537 860	456 546	208 890	—
可供出售金融资产	97 794	80 593	55 491	—
长期股权投资	8 737	9 757	2 816	1 688
投资性房地产	51 467	50 306	20 801	19 763
固定资产原值	—	1 848 414	1 643 359	1 070 362
累计折旧	—	444 312	372 501	298 538
固定资产净值	—	1 404 102	1 270 858	771 824
固定资产减值准备	—	688	819	910
固定资产	1 446 252	1 403 414	1 270 039	770 914
在建工程	161 867	186 168	230 432	217 166
固定资产清理	933	629	11	62
无形资产	249 435	237 018	163 527	162 216
长期待摊费用	2 547	4 267	4 809	4 816
递延所得税资产	757 002	568 261	291 109	168 973
非流动资产合计	3 313 895	2 996 958	2 247 925	1 345 598

(续表)

报告日期	2014/9/30	2013/12/31	2012/12/31	2011/12/31
资产总计	15 950 388	13 370 210	10 756 690	8 521 159
短期借款	453 848	331 697	352 064	273 929
向中央银行借款	13 304	3 741	—	—
吸收存款及同业存放	62 773	54 227	8 108	5 134
拆入资金	30 000	30 000	—	20 000
应付票据	774 345	823 021	798 358	1 064 412
应付账款	2 935 876	2 743 449	2 266 501	1 563 636
预收账款	1 625 434	1 198 643	1 663 011	1 975 269
卖出回购金融资产款	38 600	18 600	35 000	—
应付职工薪酬	132 193	164 016	135 767	72 943
应交税费	697 958	615 749	252 210	−67 957
应付利息	5 179	2 548	2 020	1 659
应付股利	71	71	71	71
其他应付款	354 753	479 378	544 161	333 644
一年内到期的非流动负债	117 552	92 345	251 376	217 662
其他流动负债	4 361 257	3 091 637	1 574 388	958 899
流动负债合计	11 603 144	9 649 121	7 883 036	6 419 302
长期借款	254 991	137 535	98 446	258 220
递延所得税负债	6 870	32 894	16 041	4 317
其他非流动负债	8 123	3 992	1 147	1 605
非流动负债合计	269 984	174 421	115 634	264 142
负债合计	11 873 129	9 823 543	7 998 670	6 683 444
实收资本(或股本)	300 787	300 787	300 787	281 789
资本公积	315 140	317 611	318 718	11 017
盈余公积	295 809	295 809	295 809	250 108
一般风险准备	4 711	4 711	759	565
未分配利润	3 064 516	2 539 556	1 757 228	1 215 550
外币报表折算差额	—	−194	1 013	1 658
归属于母公司股东权益合计	3 983 864	3 458 281	2 674 313	1 760 687
少数股东权益	93 395	88 387	83 707	77 029
所有者权益(或股东权益)合计	4 077 259	3 546 668	2 758 020	1 837 715
负债和所有者权益(或股东权益)总计	15 950 388	13 370 210	10 756 690	8 521 159

利 润 表 单位:万元

报告日期	2014/9/30	2013/12/31	2012/12/31	2011/12/31
营业总收入	10 001 930	12 004 307	10 011 011	8 351 725
营业收入	9 841 006	11 862 795	9 931 620	8 315 547
利息收入	160 853	141 477	79 375	36 175
已赚保费	—	—	—	—
手续费及佣金收入	71	36	17	3
房地产销售收入	—	—	—	—
其他业务收入	—	—	—	—
营业总成本	8 769 837	10 948 793	9 231 019	7 900 848
营业成本	6 344 061	8 038 594	7 320 308	6 813 212
利息支出	49 464	49 196	23 066	1 787
手续费及佣金支出	24	26	27	21
房地产销售成本	—	—	—	—
研发费用	—	—	—	—
退保金	—	—	—	—
赔付支出净额	—	—	—	—
提取保险合同准备金净额	—	—	—	—
保单红利支出	—	—	—	—
分保费用	—	—	—	—
其他业务成本	—	—	—	—
营业税金及附加	69 587	95 617	58 995	49 791
销售费用	2 015 320	2 250 893	1 462 623	805 041
管理费用	373 901	508 957	405 581	278 327
财务费用	−89 308	−13 731	−46 135	−45 271
资产减值损失	6 787	19 239	6 554	−2 059
公允价值变动收益	−112 941	99 056	24 688	−5 751
投资收益	52 230	71 734	−2 049	9 109
对联营企业和合营企业的投资收益	−1 054	286	873	−491
汇兑收益	1	−3	0	−6
期货损益	—	—	—	—
托管收益	—	—	—	—
补贴收入	—	—	—	—
其他业务利润	—	—	—	—
营业利润	1 171 383	1 226 301	802 631	454 231

(续表)

报告日期	2014/9/30	2013/12/31	2012/12/31	2011/12/31
营业外收入	23 328	68 420	76 038	184 579
营业外支出	1 639	5 529	2 398	5 953
非流动资产处置损失	1 296	378	1 429	702
利润总额	1 193 071	1 289 192	876 271	632 856
所得税费用	201 543	195 617	131 678	103 122
未确认投资损失	—	—	—	—
净利润	990 528	1 093 576	744 593	529 734
归属于母公司所有者的净利润	982 755	1 087 067	737 967	523 694
被合并方在合并前实现净利润	—	—	—	—
少数股东损益	7 773	6 508	6 626	6 040
基本每股收益	3.27	3.61	2.47	1.86
稀释每股收益	3.27	3.61	2.47	1.86

现金流量表　　　　　　　　　　　　　　　　　　　　单位:万元

报告日期	2014/9/30	2013/12/31	2012/12/31	2011/12/31
销售商品、提供劳务收到的现金	6 937 145	7 021 140	7 007 712	5 275 464
客户存款和同业存放款项增加额	8 547	46 119	2 974	−38 886
向中央银行借款净增加额	9 562	3 741	—	—
向其他金融机构拆入资金净增加额	20 000	13 600	15 000	−81 800
收到原保险合同保费取得的现金	—	—	—	—
收到再保险业务现金净额	—	—	—	—
保户储金及投资款净增加额	—	—	—	—
处置交易性金融资产净增加额	—	—	—	—
收取利息、手续费及佣金的现金	147 865	128 448	76 559	39 390
拆入资金净增加额	—	—	—	—
回购业务资金净增加额	—	—	—	—
收到的税费返还	50 313	46 853	132 256	95 697
收到的其他与经营活动有关的现金	193 192	303 246	320 668	385 183
经营活动现金流入小计	7 366 625	7 563 147	7 555 168	5 675 048
购买商品、接受劳务支付的现金	2 754 211	3 858 873	4 044 616	4 371 703
客户贷款及垫款净增加额	84 739	256 208	215 359	−293 663
存放中央银行和同业款项净增加额	140 575	149 189	2 487	−159 583

(续表)

报告日期	2014/9/30	2013/12/31	2012/12/31	2011/12/31
支付原保险合同赔付款项的现金	—	—	—	—
支付利息、手续费及佣金的现金	49 359	49 002	19 851	2 213
支付保单红利的现金	—	—	—	—
支付给职工以及为职工支付的现金	426 162	496 395	448 636	384 559
支付的各项税费	1 064 951	817 129	516 252	419 453
支付的其他与经营活动有关的现金	659 813	639 367	467 093	614 750
经营活动现金流出小计	5 179 810	6 266 163	5 714 293	5 339 432
经营活动产生的现金流量净额	2 186 814	1 296 984	1 840 875	335 616
收回投资所收到的现金	41 175	32 752	100 557	132 337
取得投资收益所收到的现金	2 825	24 135	4 729	22 022
处置固定资产、无形资产和其他长期资产所收回的现金净额	167	121	47	619
处置子公司及其他营业单位收到的现金净额				
收到的其他与投资活动有关的现金	49 410	43 440	690	77 113
减少质押和定期存款所收到的现金				
投资活动现金流入小计	93 577	100 447	106 023	232 091
购建固定资产、无形资产和其他长期资产所支付的现金	140 888	246 147	360 241	477 774
投资所支付的现金	68 987	70 407	155 836	24 910
质押贷款净增加额	—	—	—	—
取得子公司及其他营业单位支付的现金净额				
支付的其他与投资活动有关的现金	—	2 493	11 199	6 134
增加质押和定期存款所支付的现金				
投资活动现金流出小计	209 875	319 046	527 276	508 818
投资活动产生的现金流量净额	−116 297	−218 599	−421 252	−276 727
吸收投资收到的现金		—	319 787	26
其中:子公司吸收少数股东投资收到的现金				
取得借款收到的现金	833 821	498 791	376 302	491 049
发行债券收到的现金				
收到其他与筹资活动有关的现金	21 468	199 670	112 792	—

(续表)

报告日期	2014/9/30	2013/12/31	2012/12/31	2011/12/31
筹资活动现金流入小计	855 289	698 461	808 881	491 075
偿还债务支付的现金	574 362	623 384	559 719	161 461
分配股利、利润或偿付利息所支付的现金	460 482	317 474	167 382	97 691
其中:子公司支付给少数股东的股利、利润	—	—	—	—
支付其他与筹资活动有关的现金	—	—	258	311 383
筹资活动现金流出小计	1 034 844	940 858	727 359	570 535
筹资活动产生的现金流量净额	−179 555	−242 398	81 522	−79 460
汇率变动对现金及现金等价物的影响	16 662	−47 118	2 022	−16 597
现金及现金等价物净增加额	1 907 624	788 870	1 503 166	−37 169
加:期初现金及现金等价物余额	2 925 918	2 137 049	633 883	671 052
期末现金及现金等价物余额	4 833 542	2 925 918	2 137 049	633 883

资料来源:格力电器2011年、2012年、2013年的年报,以及2014年第三季度的季报。